@ORTOGRAFÍA

@ORTOGRAFÍA

Gonzalo Andrés Muñoz

GRUPO ZETA

Barcelona • Madrid • Bogotá • Buenos Aires • Caracas • México D.F. • Miami • Montevideo • Santiago de Chile

1.ª edición: septiembre 2014

© Gonzalo Andrés Muñoz, 2014
© Ediciones B, S. A., 2014
Consell de Cent, 425-427 - 08009 Barcelona (España)
www.edicionesb.com

Printed in Spain
ISBN: 978-84-666-5539-2
DL B 12109-2014

Impreso por LIBERDÚPLEX, S.L.
Ctra. BV 2249, km 7,4
Polígono Torrentfondo
08791 Sant Llorenç d'Hortons

Prólogo

Bienvenidos los amantes de hablar y escribir bien. Nada dice más de una persona que su manera de actuar, pensar, hablar y escribir. El propósito de este libro es ofrecer una guía para expresarse de forma correcta, tanto oralmente como por escrito, a fin de evitar errores que en ocasiones pueden hacernos quedar mal e incluso pasar momentos vergonzosos. Y no solo eso: en él también figuran muchas razones para reflexionar sobre la importancia de aprender a leer, escribir y hablar bien.

No mires la cantidad de páginas que vas a leer, más bien valora la cantidad de información que vas a recibir.

Hablar y escribir correctamente:

- Demuestra respeto hacia las personas a las que nos dirigimos.
- Manifiesta respeto por nosotros mismos.
- Evita malas interpretaciones del mensaje que queremos transmitir.
- Indica el nivel cultural.
- Demuestra que nos sentimos orgullosos de nuestros conocimientos.
- Consigue mayor atención por parte de nuestros interlocutores.
- Escribir y hablar bien es gratis; no hacerlo puede costar un empleo, una nota baja o dejar de ser admirado por alguien.
- La mala escritura es un enemigo silencioso; la gente lee lo

que escribimos, detecta el error, piensa mal de nosotros, pero no suele decirnos nada.
- Un país sin una educación que fomente el respeto, la ética, la historia... es presa fácil para corruptos y sinvergüenzas.
- Todos debemos esforzarnos por escribir y hablar bien, y en especial por no dañar nuestro idioma, la raíz de nuestra comunicación.

Para ello, se ha optado por ofrecer una serie de consejos cortos y útiles que sirvan para aclarar las dudas más frecuentes, con la idea de cubrir todas las lagunas posibles, y así incentivar a los lectores para que avancen en el propósito de escribir y hablar cada día mejor.

Creo que el peor enemigo de un gobierno corrupto es un pueblo culto, y que escribir y hablar bien no solamente hace a las personas más cultas, sino más interesantes. También pienso que si te gusta la ortografía, eso sugiere que sabes poner las cosas en su lugar, que eres digno de confianza, porque quien cuida hasta la forma correcta de escribir una palabra, sin duda sabrá respetar aspectos más importantes de la vida. Evidentemente, nadie va a morir por no hablar o escribir bien, pero esta habilidad es un reflejo de la educación, un valor cuya ausencia se encuentra detrás de un buen número de problemas. Una correcta expresión implica respeto hacia el interlocutor, a quien le estás hablando y a quien diriges tu mensaje.

En este camino, una de las ayudas principales es el amor por la lectura, porque quien tiene deseos de aprender aprovecha cada oportunidad para hacerlo. Las personas que leen viven menos...: menos engañadas, menos explotadas, menos estresadas, menos aburridas, menos amargadas, menos oprimidas y menos conformes.

Recuerda que leer incrementa, multiplica, amplía, desarrolla, enriquece y eleva tu vocabulario.

Introducción

Escribir y hablar son dos acciones que últimamente parecen enfrentadas a las nuevas tecnologías. Sin duda la televisión, los mensajes de texto, las comunicaciones rápidas a través de las redes sociales... están influyendo en la forma de hablar de las personas.

Pienso que hablar y escribir correctamente nos ayuda a transmitir lo que sentimos y opinamos. Sin embargo, el diálogo no es el único sistema habitual de comunicación. Hoy en día, los avances en la tecnología han hecho posible la expresión a través de otros medios como la radio, el móvil o el ordenador.

No solo debemos utilizar correctamente el lenguaje para comunicarnos mejor con los demás; en muchas profesiones y oficios el hecho de hablar y escribir con propiedad constituye un requisito indispensable, y no hacerlo puede suponer un gran obstáculo en el mundo laboral.

Hablar y escribir correctamente permite que nos sintamos orgullosos de nosotros mismos, mientras que hacerlo de forma descuidada nos resultaría vergonzoso. Por otra parte, a la hora de comunicarnos con gente procedente de otros países es necesario hablar y escribir correctamente, de lo contrario esas personas no nos entenderán y podrían tener problemas para aprender nuestro idioma.

Escuchar hablar a alguien que tenga fluidez verbal, elocuencia y un agradable tono de voz, que sepa llevar el ritmo y realizar las pausas adecuadas al expresarse, es un verdadero deleite, y aún más si cuenta con un gran conocimiento del tema tratado. Este mismo impacto que tiene la buena oratoria lo ejerce la escritura ante los ojos del lector.

Quien haga buen uso del idioma en sus dos máximas expresiones da muestra de su cultura, nivel intelectual y asertividad. Por el contrario, si se incurre en errores de pronunciación, de ortografía o mal uso de las palabras, es el más claro indicio de la falta de conocimiento, educación y dedicación.

Primero hay que aprender bien el español, con toda su riqueza, antes de hablar otra lengua. Debemos cuidar nuestro idioma al hablarlo, escribirlo, en tareas escolares, en trabajos, mensajes de texto, tesis, notas, etc. El lenguaje que utilizamos no solamente refleja nuestro grado de cultura y educación, sino también el interés que depositamos en lo que queremos expresar. Hacerse algunas preguntas sobre cómo se debe hablar y escribir es un primer paso para la corrección.

Las siglas RAE se utilizan para abreviar el nombre de Real Academia Española, el organismo encargado de estructurar y reglamentar las normas que rigen el lenguaje español en todo el planeta. Fundada en el año 1713, obtuvo su carta constitucional solamente un año después, con el principal objetivo de establecer todas las palabras y términos propios del lenguaje español para que este pudiera mantenerse ordenado y reglamentado oficialmente.

Actualmente la Real Academia Española tiene su sede en Madrid, pero su influencia alcanza a todos los países y territorios hispanohablantes, donde se le considera el organismo oficial y máximo en el ámbito del lenguaje. Sin embargo, cada país cuenta con su propia filial que, a su vez, busca establecer los modismos y vocablos específicos de cada lugar, irrepetibles tanto en su forma como en su significado.

Es normal que la Real Academia Española sea entendida como un organismo de tipo conservador y tradicional. Esto tiene que ver con el hecho de que, al proponerse mantener el lenguaje en sus formas más comunes e históricas, en muchos casos esta institución no acepta términos nuevos y modernos que se forman de manera espontánea en el lenguaje. De todos modos, con el paso del tiempo y al acrecentarse la popularidad o el uso de los nuevos vocablos, muchas veces la RAE termina incluyéndolos.

Una de las funciones principales de la RAE es la publicación del diccionario oficial de la lengua española, en el que se registran todas las actualizaciones y modificaciones que la Academia haya decidido aceptar.

La lengua española, también denominada castellano o español, es la que principalmente se habla en España y en Latinoamérica, por lo que su extensión por todo el planeta hace que hoy en día sea uno de los idiomas más populares del mundo.

Por otra parte, el español está clasificado como una lengua romance que forma parte del grupo ibérico. Las lenguas romances componen una rama de idiomas emparentados entre sí, ya que todos ellos provienen del latín. A partir del siglo III y debido a la disgregación del Imperio Romano, en cada una de las provincias empezaron a aparecer versiones del latín, que a su vez dieron lugar a los diferentes idiomas.

Vale mencionar que la impresionante difusión que ha logrado el español por ser el idioma por excelencia de Latinoamérica la ha convertido en la lengua romance más notable. Es también la lengua materna de millones de personas, es decir, la primera que un individuo aprende cuando por primera vez desarrolla la acción de comunicarse, y debido a ello ocupa el segundo lugar en número de hablantes nativos.

Por otro lado, la lengua española se destaca por ser, solo por detrás del inglés, la más estudiada en el mundo entero y en internet, al tiempo que ostenta un lugar notable por ser uno de los idiomas con mayor cantidad de usuarios en las redes sociales.

Y para seguir resaltando su importancia a nivel mundial no podemos soslayar que es también una de las que más se emplean en el ámbito de la interacción y la comunicación internacional. Por ejemplo, en la Organización de las Naciones Unidas, en la Unión Europea y en tantísimas otras organizaciones y organismos internaciones, la lengua española es idioma oficial. Incluso en el ámbito del deporte está considerada como vía de comunicación privilegiada.

Se denomina «lengua» al sistema lingüístico empleado por una determinada comunidad para comunicarse. Los miembros de la comunidad conocen las reglas y los elementos que conforman el sistema, y mediante estos recursos finitos pueden crear una vastísima (por no decir infinita) cantidad de mensajes.

Una determinada lengua es una estructura en constante evolución que puede ser descrita desde varios puntos de vista. Uno de ellos es aquel en el que se centran las gramáticas descriptivas, que parte de las reglas que conforman dicha lengua tomadas en un instante determinado; así, por ejemplo, es posible hacer una descripción del español tal como se lo conoce en la actualidad. Otra perspectiva de estudio es la que toma en cuenta la evolución histórica, es decir, cómo los elementos y reglas de un determinado idioma han ido variando con el tiempo.

Dentro del ámbito de la comunicación humana, la expresión oral sin duda es y ha sido siempre de gran importancia para los individuos. La preeminencia de esta forma de comunicación por encima de otras demuestra que es una de las capacidades humanas más importantes y útiles para la convivencia en sociedad. Mientras que a lo largo de la historia el ser humano ha contado siempre con la posibilidad de expresarse oralmente, no se puede decir lo mismo de otras formas y tecnologías de la comunicación, que, en comparación, cuentan con un corto recorrido temporal.

En términos descriptivos, la expresión oral es la capacidad del ser humano para establecer relaciones entre términos y significados, conceptos e ideas específicos. En este aspecto, la expresión oral humana se diferencia de la comunicación de los animales en que, si bien esta última se realiza con objetivos y deseos, no puede considerarse ordenada, consciente o llena de significados específicos. La expresión oral permite al ser humano ponerse en contacto y establecer conexiones con sus semejantes, proporcionando la oportunidad de establecer objetivos, metas y proyectos en común.

Por otro lado, la idea de expresión oral se relaciona también con la capacidad con la que cuentan ciertos individuos para llegar a determinados públicos a través de la palabra. Y en este punto es donde la expresión oral cotidiana deja de ser tal para convertirse en una estructura discursiva que se plantea objetivos específicos y claramente determinados. En situaciones como exposiciones, debates, reuniones, clases o sermones, entre otras, determinadas personas deben contar con una buena capacidad de expresión oral a fin de acercar a los receptores el mensaje apropiado.

En este sentido, en los últimos tiempos se han desarrollado numerosas técnicas de expresión que permiten al individuo captar el interés del público y persuadirlo mejor de sus ideas. Entre estas técnicas y estrategias figura la utilización de una dicción clara y accesible, una expresión corporal que transmita seguridad y confianza, una voz clara y fuerte, un comprensible sistema de gestos, el uso de un vocabulario apropiado para cada situación y el desarrollo de mensajes atractivos y accesibles.

En cuanto a la representación gráfica del lenguaje, un invento que se remonta al año 4000 a. C., se trata de uno de los hallazgos más importantes de la historia de la humanidad. En este sentido, se llama escritura al proceso que permite transmitir ideas, redactar un tratado, documento o texto de ficción, trazar notas y signos musicales, inscribir datos o cualquier otra acción de transposición de letras y símbolos en una superficie dada. Así pues, se trata de la plasmación de un código de comunicación verbal a través de signos grabados o dibujados sobre un soporte que puede ser un papel, un muro, una tabla o un dispositivo informático, como un ordenador. Así, la escritura debe corresponderse con una lengua o idioma dados, compartido por una o más personas capaces de interpretar las ideas y conceptos plasmados en el acto de escribir.

La escritura se compone de un complejo sistema de símbolos que representan no solamente ideas, sino palabras o sonidos que pueden ser leídos y pronunciados. Estos símbolos en conjunto se conocen como alfabeto. La importancia de la escritura en este sentido es que permitió a los seres humanos dejar documentos sobre su realidad que pudieron ser entendidos e interpretados por las generaciones posteriores. Sin la escritura es probable que gran parte de la información que poseemos sobre el mundo antiguo se hubiera perdido.

Escribir es una acción que tiene lugar en todo tipo de ámbitos y con diversos propósitos. Un individuo puede escribir una nota, un poema o cualquier serie de letras con el único propósito de expresarlos y conservarlos para sí mismo, como ocurre con un diario íntimo. La escritura también puede emplearse como medio de canalización de historias, cuentos, novelas y otro tipo de textos poéticos o literarios. Este objetivo estético, creativo y cultural quizá sea el que más ha enriquecido la lengua a través de la historia.

La escritura se utiliza de manera informal para comunicar informaciones más o menos relevantes, como una conversación a través de un programa de mensajería instantánea entre dos amigos. Por otro lado, también se emplea con un propósito formal en los negocios, en ámbitos legales e institucionales, en escenarios laborales y otros. Asimismo es largamente utilizada como medio de comunicación entre dos individuos con fines emotivos, como una carta o un poema de amor. Los fines de la escritura son evidentemente infinitos y, dejando aparte el lenguaje oral, constituyen el más relevante medio de comunicación humana.

Sin embargo, aparte de la comunicación de ideas, la escritura tiene otras funciones, y en la actualidad el acceso a la misma está relacionado con la noción de igualdad de derechos y oportunidades. Esto es así debido a que durante siglos la lectura y comprensión de textos escritos (así como también la escritura misma) estuvieron restringidas a los sectores privilegiados de la sociedad. De hecho, no fue hasta mitad del siglo XIX cuando las sociedades pudieron acceder en su mayoría a este tipo de conocimiento y habilidad.

Un texto es una composición de signos codificados a través de un sistema de escritura, como puede ser un alfabeto, que todos los seres humanos en general conocemos y utilizamos regularmente para comunicarnos entre nosotros y que debe tener una unidad de sentido para que pueda ser decodificado primero y luego entendido por el lector. Por consiguiente, la importancia del proceso de codificación en el marco de los textos es básico.

Por otra parte, se puede llamar texto tanto a una obra literaria como a un mensaje instantáneo; esto quiere decir que un texto es cualquier combinación de signos que coincida con lo que acabamos de exponer, independientemente de su tamaño o extensión. Asimismo, en el marco actual de la difusión de los medios digitales, la concepción de texto se dirige también a un tipo específico de documento, en el cual es posible difundir contenidos escritos, con la posibilidad de ampliación a imágenes, tablas, gráficos, algoritmos y una numerosa serie de complementos que exceden a la estructura del lenguaje convencional. De igual modo, la definición de texto se hace extensiva a la comunicación casi informal que surge de los sistemas de chateo y, sobre todo, de las redes sociales, que presentan una codificación previa relativa sobre todo a la reducción de la extensión.

Además, el concepto de texto está estrechamente ligado al de discurso, ya que este es la generación de un texto por parte de un emisor en un contexto determinado, con una concreta intención comunicativa, siendo esta última su función por excelencia. No puede haber un discurso sin un texto, que es, en definitiva, lo que motiva al primero: tener algo que decir. En la actualidad, no obstante, muchos lingüistas sostienen que la poderosa integración de las herramientas audiovisuales es un firme motivo para establecer una división entre discurso y texto, con el argumento de que es posible emitir un verdadero discurso con la guía plena de herramientas de difusión visual. Sin embargo, no todos los expertos están de acuerdo en este punto, pues consideran que la utilización de elementos multimedia constituye un lenguaje independiente, derivado de la lengua tradicional, que merece un enfoque autónomo.

Otra característica importante para entender y profundizar

aún más en la idea de texto es que este puede ser monologal, por ejemplo un discurso o una novela, o bien puede implicar a más de un receptor. Este puede ser el caso de una conversación entre dos o más personas a través del *chat* o la que mantienen físicamente y cara a cara varios individuos en una conversación. Se prefiere el empleo del término «diálogo» para referirse al intercambio de expresiones textuales entre dos individuos y el de «coloquio» cuando se trata de un proceso comunicativo entre un número mayor. Por otra parte, en la actualidad las teleconferencias son una herramienta formidable para la difusión de textos, dado que se logra una interacción notable entre el o los emisores y los numerosos receptores, situados en ocasiones a grandes distancias del conferencista.

El término «textos» es el plural de la palabra «texto», que hace referencia a los formatos escritos compuestos por un conjunto específico de símbolos y códigos. Al ser colocados juntos, estos símbolos forman un significado y representan aquellas ideas que anteriormente el ser humano transmitía a través de la oralidad. La aparición de los textos está vinculada a la invención de la escritura, a pesar de que al principio las primeras formas escritas podrían no considerarse textos en sí, sino más bien anotaciones simples y primitivas.

Una de las características de los textos es que buscan expresar un significado, independientemente de cuál sea su estilo, su formato o su destino. Todos los textos son realizados para que, bien el mismo autor, bien quien cumple el rol de lector, reciba de ellos información que de otra manera podría perderse y verse alterada ante los recuerdos subjetivos de cada individuo. Los textos han ido cambiando a lo largo del tiempo y el ser humano ha desarrollado niveles más y más complejos de escritura que le permiten expresar ideas de gran trascendencia.

Si bien el formato de cada texto puede ser muy diferente según el tipo de publicación, la temática que tratan u otros elementos, desde el punto de vista formal se podría describir un texto como un escrito que se divide en párrafos o bloques de extensión variable de palabras, que están unidas en oraciones relacionadas entre sí por significado. Los párrafos pueden a su vez dar lugar a capítulos, que son conjuntos de páginas escritas, aunque muchos tipos de textos están escritos sin división en apartados o capítulos.

Por otro lado, dependiendo del ámbito cultural, la composición del texto también puede variar. Si bien el formato occidental (que se lee horizontalmente de izquierda a derecha empezando por arriba) es el más común, existen otros modelos: por ejemplo, los textos árabes (que se escriben de derecha a izquierda) o los orientales (que se leen de arriba abajo verticalmente).

Después de esta breve introducción, esperamos haber arrojado cierta luz sobre lo que significa hablar y escribir, y el porqué de su importancia en la sociedad y en la comunicación.

A continuación se presentan varios consejos cortos y útiles que serán de ayuda para hablar y escribir correctamente, evitando errores que pueden avergonzar e incluso perjudicar a quien los comete. También se ofrecen muchas razones que invitan a la reflexión sobre la importancia de aprender a leer, escribir y hablar bien.

Y, para acabar, también se desarrollan los temas que en la actualidad presentan la mayor cantidad de dudas, explicados con ejemplos y de la mejor manera posible para que sean fáciles de entender.

CONSEJOS CORTOS Y ÚTILES PARA HABLAR Y ESCRIBIR CORRECTAMENTE

1 La educación es el arma más poderosa que puedes usar para cambiar el mundo.

2 El español es la segunda lengua más usada en Twitter y la tercera más usada en Internet. ¡Cuídalo!

3 «Ortografía»: forma correcta de escribir.
MALA ORTOGRAFÍA, o CACOGRAFÍA: Escribir con errores ortográficos.
BUENA ORTOGRAFÍA: Es un pleonasmo o redundancia.

4 Que no te corrijan cuando digas «un vaso de agua», ya que también designa unidad de medida y está bien dicho.

5 Los amigos son como los buenos libros, no es necesario tener muchos, sino tener los mejores.

6 La palabra «ídola» no es válida, no digas nunca «mi ídola».
Se escribe y se dice «el ídolo» o «un ídolo»: *Ella es mi ídolo*.

7 El que mucho discute no prueba su sabiduría, sino su ignorancia.

8 Los cargos, sean del rango que sean, se escriben con minúscula: *El presidente se reunió con el ministro.*

9 Siempre es «echar». No escribas nunca «hechar», esa palabra NO existe.

10 En las abreviaturas como EE. UU. o DD. HH. las letras aparecen dos veces para indicar que cada palabra está en plural.

11 Según las normas ortográficas actuales, la conjunción «o» no lleva nunca tilde, ni siquiera entre números: *Quieres 10 o 12 galletas.*

12 Antes las mayúsculas no se tildaban porque las antiguas máquinas de escribir no lo permitían; hoy, es una falta no hacerlo. ¡TÍLDALAS!

13 ¿Vas a «stalkear»? Lo correcto en español es «acechar», «espiar», «husmear» o incluso «acusar».

14 «Aún» significa «todavía»: *Se fue hace mucho, aún la sigo esperando.* «Aun» significa «incluso»: *Se fue, aun sabiendo que nos amábamos.*

15 Es «iba», no «hiba». Es «quiso», no «quizo». Es «por favor», no «porfavor».

16 ¿«Zebra» o «cebra»? Lo correcto es con «c»; antiguamente se escribía con «z», pero en la actualidad es una falta de ortografía hacerlo así.

17 No es lo mismo decir «No tengo novia» que «No, tengo novia». ¿Ves la importancia de las comas y la ortografía?

18 En solo dos años aprendemos a hablar y el resto de la vida no nos alcanza para aprender a callar.

19 Cuando quieras decir «Fue allí que sucedió», no peques de queísmo. La forma correcta de decirlo es «Allí sucedió».

20 La importancia de las tildes:
«¿Le gusto?». «¿Le gustó?».
«Te amo». «Te amó».
Palabras iguales, pero con significados muy distintos.

21 «Cayó»: Forma del verbo «caer».
«Cayo»: Nombre que significa «islote».
«Calló»: Forma del verbo «callar».
«Callo»: Dureza que se forma en tejidos humanos, animales o vegetales.

22 La pluma es más poderosa que la espada solo si el cerebro que la guía sabe empuñar la palabra.

23 Acuérdate de que la «k» no sustituye a la «q». ¡Revaloricemos a todas las «q» maltratadas del mundo!

24 «Ha» es de «haber»: *Ha ido lejos.*
«Ah» es una interjección: *Ah, sí, lo vi.*
«A» es una preposición: *Voy a tu casa.*

25 Es «eructar», no «eruptar».
Es «a veces», no «aveces».
Es «enredo», no «enriedo».
Es «en serio», no «enserio».

26 Lo correcto en español es: «tuit», «tuitear», «retuitear», «champú», «bluyín», «bufé», «eslogan», «fólder», «sándwich», «podio», «pódium».

27 ¡Cuidado con las preposiciones! Es incorrecto decir que un jarabe es «para» la tos. Un jarabe es «contra» la tos.

28 Lo correcto es: «viniste». Nunca digas «veniste», esa palabra no existe.

29 «Cabello» hace referencia solo a los pelos de la cabeza. «Pelo», a los del resto del cuerpo.

30 Error común: confundir «ay» / «ahí» / «hay».
«Ay»: es una exclamación.
«Ahí»: es un lugar.
«Hay»: es una forma del verbo «haber».
Para recordarlo: *¡Ay!, no vi que ahí hay más agua.*

31 Es «caníbal», no «caníval».
Es «absorber», no «absorver».
Es «llovizna», no «llovisna».

32 Los meses y los días de la semana se escriben con minúscula porque son nombres comunes.

33 Son válidas y aprobadas por la RAE:
Murciélago/murciégalo.
Criatura/creatura.
Oscuro/obscuro.

34 En español lo correcto es «Twitter», «tuit», «tuitear» y «retuitear».
Si escribes «tweet», debes hacerlo en cursiva por ser una palabra en inglés.

35 El punto de abreviaturas y el de los signos «?» y «!» sirve como punto final, no va punto después de ellos.

36 No es «nadien», es «nadie».
No es «rampla», es «rampa».
No es «iendo», es «yendo».
No es «asolapado», es «solapado».

37 El trazo sobre la «ñ» se denomina «virgulilla».

38 «Bizarro» significa «valiente, generoso, lúcido». Sin embargo, su uso es más común como «raro» o «extravagante», pero es un error.

39 No confundir «a ver» con «haber» ni «a ser» con «hacer».
Voy a ver la película. / Debí haber ido.
Voy a ser médico. / Quiero hacer la tarea.

40 Se puede poner puntos suspensivos, coma, dos puntos o punto y coma después de los signos «?» y «!».
En cambio no se pone punto, ya que el signo lo incluye.

41 Cuídate de los que saben escribir, pues tienen el poder de enamorarte sin siquiera tocarte.

42 No es «la calor», es «el calor». No es «haiga», es «haya». No es «el autoestima», es «la autoestima».

43 El término «presidenta» está aceptado por la RAE. Otros casos aceptados son: «jefa», «jueza», «fiscala», «concejala», «médica» e «ingeniera».

44 Es «decisión», no «desición». Es «queramos», no «querramos». Es «trasplante», no «transplante».

45 «Solapado»: dicho de una persona que por costumbre oculta maliciosa y cautelosamente sus pensamientos. Error común: decir «asolapado».

46 Nunca digas «contradecido», el participio del verbo contradecir es: «contradicho».

47 Es «quiso», no «quizo». Es «coger», no «cojer». Es «encima», no «ensima».

48 No es lo mismo:
Una noche hermosa te deseo.
Una noche, hermosa te deseo.
Una noche hermosa, te deseo.

49 «Hierba» o «yerba» es una planta. «Hierva» es del verbo hervir: *Espera que hierva el agua.*

50 «Haya»: forma del verbo «haber». *Que haya amado.* «Allá»: significa «en aquel lugar». *Allá venden libros.* «Halla»: forma del verbo «hallar» (encontrar). *Él halla un amor.*

51 Es «elige», no «elije». Es «gente», no «jente». Es «finge», no «finje».

52 «No se»: (negación + pronombre): *No se ve nada desde aquí.* «No sé»: (negación + forma del verbo «saber»): *No sé qué hacer.*

53 No hay que confundir: «Hojear»: pasar rápido las hojas. «Ojear»: pasar rápido la mirada.

54 «Hay»: haber.
«Ahí»: lugar.
«Ay»: exclamar.
«Ahy»: no existe.
«Ai»: *se eu te pego.*

55 La palabra «monstruo» tiene estas dos grafías válidas y aprobadas por la RAE: «monstro» y «mostro».

56 El cigarro te da cáncer, no personalidad; la ortografía afirma tu personalidad y te hace más interesante.

57 «Cacografía»: escritura contra las normas de ortografía (mala escritura).

58 La gente se arregla todos los días el cabello. ¿Por qué no su ortografía?

59 «Haber», en impersonal, no tiene plural.
Hubo heridos, no *Hubieron heridos.*
Había muchos invitados, no *Habían muchos invitados.*

60 En la antigua Roma, las prostitutas se paraban bajo los arcos o bóvedas (*fornice*). De ahí el origen del verbo «fornicar».

61 ¿Es «creatura» o «criatura»? Ambas son válidas y aprobadas por la RAE.

62 Si una abreviatura coincide con el final de una oración, el punto de la abreviatura sirve de punto final y solo se escribe un punto, no dos.

63 Escribir con faltas de ortografía es como hablar con mal aliento.

64 ¿Sabías que la palabra «catalina», según la RAE, significa «excremento humano»?
Si las personas leyeran más no se cometerían estos errores.

65 «Horror»: es con «h».
«Error»: es sin «h».
La «h» es muda, no invisible.

66 Es «agarrémonos», no «agarrémosns». Es «yendo», no «llendo». Es «no sé», no «nose». Es «o sea», no «osea».

67 Leer tal vez no te haga más inteligente, pero te hará menos ignorante.

68 La primera persona del verbo «saber» es «sé» en todos sus sentidos. *Acabo de bañarme en el mar y sé a sal.*

69 En las redes sociales: la fotografía atrae, la biografía enamora y, a veces, la ortografía rompe corazones.

70 Recuerda que «errar» es de humanos, «herrar» es de herreros y «EwrRawrr» es de dinosaurios.

71 La estupidez es una enfermedad extraordinaria: no es el enfermo el que sufre por ella, sino los demás.

72 Se cometen errores de diptongación en (*ia, ie, io*) en verbos como: «desear»: no se dice «desié» ni «desiamos», lo correcto es «deseé» y «deseamos».

73 Dicen que cuando los romanos declaraban en juicio, se apretaban los testículos con la mano; de esta costumbre proviene la palabra «testificar».

74 «Allí»: significa «en aquel lugar».
La diferencia con «ahí» tiene que ver con la distancia.
Lo más lejano está «allí»; lo más cercano, «ahí».

75 «Hay»: forma del verbo haber. *Hay agua.*
«Ay»: es una interjección. *¡Ay!, me dolió.*
«Ahí»: significa «en ese lugar». *Ahí está mi casa.*

76 Se cometen errores de diptongación en (*ia, ie, io*) en verbos como «pasear». No se dice «pasié» ni «pasiamos», lo correcto es «paseé» y «paseamos».

77 Dime cómo escribes y te diré quién eres.

78 Ortografía es respetar al que nos lee.

79 Los aumentativos tienen una zeta en la última sílaba, no una «s», como en «golpazo», «golazo», «amigazo», «portazo», «manaza», «puñetazo».

80 «Consejo»: con «s» de «aconsejar». «Concejo»: con «c» de «corporación pública».

81 La palabra «reconocer» se lee igual de izquierda a derecha que de derecha a izquierda; a esto se le llama «palíndromo».

82 «111» y «525» son números que se leen igual de izquierda a derecha que de derecha a izquierda; a esto se le llama «capicúa».

83 Las palabras «amor» y «ramo» poseen las mismas letras, pero en diferente orden; a esto se le llama «anagrama».

84 No confundir: «Vasta», sinónimo de «grande», con «basta», sinónimo de «pare». «Ves», forma del verbo «ver», con «vez», de tiempo o cantidad.

85 «¿Por qué las abreviaturas como EE. UU. o DD. HH. tienen dos veces cada letra?» Es para indicar que cada palabra está en plural.

86 Para agregar algo importante a una oración puedes utilizar nexos como «conque», «por lo tanto» o «así es que».

87 Los únicos monosílabos que se tildan son estos: «Mí», «tú», «él», «sí», «sé», «té», «dé», «más», «qué», «cuál», «quién» y «cuán».

88 Tildes en BlackBerry: presionar la letra «y», sin soltarla, girar el cursor.
«Ñ»: lo mismo, pero con la «n».
«¿» y «¡»: con «v» y «b».

89 «Habían muchas personas» es incorrecto.
Lo correcto es «Había muchas personas».

90 Un país sin una educación que fomente el respeto, la ética, la historia es presa fácil para corruptos y sinvergüenzas.

91 La ortografía y la redacción son la mejor carta de presentación de una persona.

92 No se dice «detrás mío». Lo correcto es «detrás de mí».

93 Verbos con dos participios (regular e irregular): «Imprimir» (imprimido/impreso).
«Freír» (freído/frito).
«Proveer» (proveído/provisto).

94 No es «tráiganmen» ni «avísenlen». La «n» final en esas palabras no debe ir. Lo correcto es «tráiganme» y «avísenle».

95 Recuerda que está permitido usar el plural de «gente». *Había gentes de distintos países.*

96 Es «ralla queso», no «raya queso».
Es «voy a ver», no «voy haber».
Es «excelente», no «exelente».
Es «exento», no «excento».

97 Es «no sé», no «nose».
Es «o sea», no «osea».
Es «en serio», no «enserio».
Es «así que», no «asique».
Es «yendo», no «llendo».

98 En algún oscuro orfanato ortográfico, lloran de miedo, soledad y frío todas esas tildes y comas olvidadas e ignoradas..

99 Lee poco y serás como muchos, lee mucho y serás como pocos.

100 Horror sin «h» es un error, y error con «h» es un horror.

101 No usar una coma (,) te puede dejar sin comida, porque no es lo mismo decir «No tengo hambre» que «No, tengo hambre».

102 La abreviatura de «atentamente» no es «att.» ni «at.», es «atte.».

103 En español es «fan»: «admirador o seguidor de alguien». Su plural no es «fans»; es «fanes».

104 «Haz»: forma del verbo hacer. *Haz la tarea.*
«Has»: forma del verbo haber. *No has comido.*

105 Si una palabra lleva tilde, su abreviatura la conserva:
«Bogotá»: «Btá».
«Página»: «Pág».
Recuerda que las abreviaturas van acompañadas de un punto.

106 Es «a veces», «al menos», «tal vez», «a través», «de pronto» y «sin embargo». Todas van separadas.

107 Son palabras ambiguas «azúcar», «internet», «mar», «vodka», «arte», «lente», «lavaplatos»: pueden ser nombres femeninos o masculinos.

108 Sé humilde para admitir tus errores, inteligente para aprender de ellos y maduro para corregirlos.

109 No es «pelié», es «peleé».
No es «pasié», es «paseé».

110 Recuerda: «anti-», «cuasi-», «super-», «requete-», «ex-» y demás prefijos van pegados a la palabra base, como en «superpotencia» o «exnovio».

111 No confundir «basto», que significa «grosero» o «tosco», con «vasto», que significa «amplio» o «extenso»..

112 Puedes decir: «presidenta», «jefa», «jueza», «fiscala», «concejala».
Pero no puedes decir «testiga», siempre será «la testigo».

113 No es «golpié», es «golpeé». No es «pistié», es «pisteé».
No es «voltié», es «volteé».

114 Nadie nota tus lágrimas, nadie nota tu tristeza, nadie nota tu dolor, pero todos notan tus errores ortográficos.

115 Palabras que pueden ir con «la» o con «el»: «maratón», «sartén», «alerta», «armazón», «margen», «reuma», «tilde», «herpes».

116 Es «bateé», no «batié». Es «bateando», no «batiando».
Es «peleando», no «peliando».

117 Un error ortográfico, por insignificante que parezca, hace que un texto pierda interés y respeto.

118 Los siguientes monosílabos nunca llevan tilde: «di», «da», «dio», «vi», «va», «vio», «fue», «fui», «fe», «ni», «ti». Recuerda: nunca.

119 Quien piensa poco, se equivoca mucho.

120 Es «Hola, ¿qué haces?», no «Ola k ase».
Es «Hola, ¿qué miras?», no «Ola k mira». La ortografía no encaja en modas, se tiene o se carece de ella.

121 ¿«De» o «dé»? «De» es una preposición. «Dé» es una forma del verbo «dar». *Quiero que nos dé algo de comer.*

122 Antes de hablar, escucha; antes de escribir, piensa.

123 El «yeísmo» consiste en pronunciar la «ll» como si fuera «y». Debido a esto no distinguimos fonéticamente entre «poyo» y «pollo».

124 Si te dice «ola k ase», déjalo ir; no vale la pena.

125 El agua que no corre hace un pantano; la mente que no piensa hace un tonto.

126 Nunca digas «Hace un año atrás».
Lo correcto es «Hace un año» o «Un año atrás».

127 Un consejo: cuando escribas un texto, léelo nuevamente una y hasta dos veces si es necesario; así evitarás al máximo los errores.

128 ¿«El» o «él»?
«El» es un artículo determinado.
«Él» es un pronombre personal.
Él quiere pasar el día contigo.

129 «Enamorarse» es grave; no lo digo yo, lo dice la ortografía.

130 «Viniste», «dejaste», «comiste», «usaste», «jugaste», «metiste», «llegaste», «prendiste», «fuiste», «cantaste», «callaste», «hablaste», nunca con «s» al final.

131 ¿«Tu» o «tú»?
«Tu» es un adjetivo posesivo.
«Tú» es un pronombre personal.
Tú controlas tu vida.

132 En vez de «hall» di «vestíbulo». En vez de «tour» di «gira o viaje». En vez de «corner» di «tiro de esquina».
Más español, menos extranjerismos.

133 «Aun» o «aún»?
«Aun» es sinónimo de «incluso», «hasta», «también». *Vinieron todos, aun los que me odian.*
«Aún» es sinónimo de «todavía». *Aún te espero.*

134 ¿«Si» o «sí»?
«Si» es condicional. *No sé si voy.*
«Sí» es adverbio de afirmación o un sustantivo que significa «persona». *Sí voy.*
No está seguro de sí mismo.

135 Escribir mal equivale a hablar vulgar, comer sin modales, vestir mal.
Según un sondeo, la ortografía hace más interesante a la persona.

136 En español es: «champú», «bluyín», «cloche», «bufé», «eslogan», «exprés», «fólder», «sándwich», «podio», «pódium».

137 «Mas» es sinónimo de «pero» o «sin embargo».
«Más» significa «cantidad» o «superioridad».
Quise verte, mas no me dejaron; no vuelvo más.

138 Las palabras pueden herir, la indiferencia duele, los celos destruyen, la traición mata... y la mala ortografía tortura.

139 «Voz»: sonido que se produce al hablar.
«Vos»: pronombre de 2.ª persona del singular.
«Vez»: sustantivo que indica «cantidad» o «tiempo».
«Ves»: forma del verbo «ver».

140 Los errores ortográficos, por minúsculos que sean, hacen que cualquier texto pierda interés, respeto y credibilidad.

141 Los puntos suspensivos son tres (...), ni uno más; si después de ellos continúa la frase, sigue minúscula; si no, no.

142 La RAE eliminó las tildes de «ésta» y «éste», puedes escribir «esta» y «este».
Cuando se hace referencia al verbo «estar» sí llevan tilde: «está» y «esté».

143 En las redes sociales tener ortografía es la mejor coquetería de una mujer y el mejor cumplido de un hombre.

144 «Yendo» es del verbo «ir».
Nunca digas «iendo» o «llendo»; esas palabras no existen.

145 Palabras cultas:
«Vituperar»: significa «censurar» o «reprender duramente».
Ante los resultados, el público vituperó la actuación del equipo.

146 Se escriben con «h» las palabras que empiezan por los diptongos «ia», «ie», «ue» y «ui».
Hiato, hierro, huerto, huida.

147 LAS MAYÚSCULAS SÍ SE TILDAN; NO HACERLO ES UN ERROR, UNA MALA COSTUMBRE DEL PASADO Y UNA FALTA DE ORTOGRAFÍA.

148 «Hecho» / «hecha»: formas del verbo «hacer».
«Echo» / «echa»: formas del verbo «echar».
He hecho la tarea mientras te echo de menos.

149 Plurales.
Maní: maníes.
Menú: menús.
Gay: gais.
Póster: pósteres.
Cráter: cráteres.
Revólver: revólveres.

150 Leer, chocolate, Twitter, sexo, Internet, música, películas, besos, abrazos, y todavía hay adictos a escribir mal.

151 El término «presidenta» está aceptado por la RAE.
Otros femeninos aceptados son «jefa», «jueza», «fiscala», «concejala», «ingeniera», «médica».

152 «Consciencia»: conocimiento que el sujeto tiene de sus actos y reflexiones.
«Conciencia»: conocimiento reflexivo interior del bien y del mal.

153 Doble participio:
Imprimido/impreso.
Proveído/provisto.
Freído/frito.
Todas estas formas son válidas y aprobadas por la RAE.

154 El símbolo del porcentaje (%) se escribe separado del número: debe haber un espacio entre la cifra y el signo.
El 5 % de la población.

155 Los nombres propios pueden tener plural:
los Pedros.
Los apellidos deben mantenerse invariables: los García.

156 ¿«Mí» o «mi»?
«Mi»: adjetivo posesivo.
«Mí»: pronombre personal.
A mí me gusta mi vida.

157 «Hola» es con «h» para saludar.
«Ola» es para referirse a las olas del mar.
«Ola k ase» no existe y demuestra ignorancia.

158 No es «la calor», es «el calor».
No es «haiga», es «haya».

159 «Mas» es sinónimo de «pero» o «sin embargo».
Todas son válidas y aprobadas por la RAE:
«Imprimido» e «impreso».
«Vagabundo» y «vagamundo».
«Vagar» y «vaguear».

160 La peor falta de ortografía que existe es que nunca ponemos punto final a aquello que nos hace daño.

161 No digas «la mayoría de personas»; lo correcto es «la mayoría de las personas».

162 Las palabras atraen, la ortografía enamora.

163 No se escribe «disque». Lo correcto es «dizque», con «z»: significa «dicho», «murmuración», «reparo»; y puede ser sinónimo de «al parecer» o «presuntamente».

164 «Por qué»: separado y con tilde, para preguntar. *¿Por qué la dejó?*
«Porque»: pegado y sin tilde, para explicar. *La dejé porque no me amaba.*

165 La ortografía es a las personas como el perfume a las flores.

166 «Vaya»: forma del verbo «ir».
«Valla»: sustantivo que significa «aviso publicitario».
«Baya»: sustantivo que significa «fruta silvestre».
«Balla»: no existe.

167 Si te piden volver a repetir un trabajo es redundante, ya que «repetir» es «volver a hacer».

168 Es «mb», nunca «nb»: *ambos.*
Es «nv», nunca «mv»: *invierno.*
Es «mp», nunca «np»: *improvisar.*

169 No es lo mismo:
«A nombre de»: significa «con destino a alguien».
«En nombre de»: significa «en representación de alguien».

170 Victoria Beckham: «Nunca en mi vida he leído un libro; no me da tiempo, prefiero comprar discos.»
Frases estúpidas.

171 Antes de escribir, piensa. Antes de herir, siente. Antes de hablar, escucha.

172 Los prefijos «ex-», «anti-» y «pro-» ya no van separados de la palabra que los precede.
Provida, expresidente, exmarido, anticonstitucional.

173 Soy un lector, no porque no tenga vida, sino porque escogí tener muchas.
Leer no solo te hace más culto, sino más interesante.

174 Es «disimulando», no «discimulando».
Es «es que», no «esque».
Es «haya», no «haiga».

175 Muchas personas saben hablar y criticar, pocas saben escuchar, entender y escribir.

176 «Sino»: modifica la negación anterior.
No corro, sino que camino.
«Si no»: implica condición. *Voy a comer algo; si no, me muero.*

177 La idea no es leer más para ser más culto, la idea es leer más para ser más feliz.

178 ¿«Ahí»: significa «en ese lugar» o «a ese lugar» (algo cercano).
«Allí»: significa «en aquel lugar» (algo lejano).

179 «Cosmopolita» (que considera todos los lugares como su patria) viene del griego κοσμοπολίτης, que es literalmente «ciudadano del mundo».

180 Una investigación estadounidense determinó que los usuarios de Twitter escriben mejor que los de Facebook.

181 Querida juventud hispanohablante, me podrían decir: «¿Qué están aziendo kon nw3ztro idyoma?» «Atte. La gramática.»

182 *Tweet* es una palabra en inglés, en español lo correcto es «tuit», que ya fue aprobada por la RAE.

183 Un consejo: cuando escribáis un texto o mensaje, leedlo y revisadlo antes de enviarlo; así evitaréis al máximo los errores ortográficos.

184 La ortografía es gratis, pero la mala ortografía cuesta mucho: pierdes respeto, credibilidad y admiración.

185 Es «el calor», no «la calor». Es «el gel», no «la gel». Es «la terminal de transporte», no «el terminal de transporte».

186 Hay silencios que lo dicen todo y palabras que no dicen nada.

187 Es «encima», no «ensima». Es «excita», no «exita». Es «yendo», no «llendo».

188 No gastes mensajes en quien no te responde. No gastes palabras en quien no las escucha.

189 La ignorancia no es atrevida, la atrevida es la persona que justifica su ignorancia y no está dispuesta a abrir su mente y aprender.

190 Leer es como besar: a quien no lo hace con frecuencia, se le nota en la lengua.

191 Es «quiso», no «quizo». Es «coger», no «cojer». Es «la libido», no «la líbido».

192 Si la palabra es con «s» el diminutivo lleva «s»: *casa / casita*.
Si es con «z» u otra letra, el diminutivo lleva «c»: *amor/amorcito*.

193 Verbo «satisfacer» en pasado: *yo satisfice, tú satisficiste, él satisfizo, nosotros satisficimos, vosotros satisficisteis, ellos satisficieron.*

194 ¿Sabías que «Almodóvar» es un apellido, pero también un sustantivo que significa «plaza fortificada»?

195 «Haiga»: automóvil muy grande y ostentoso. *Que el próximo año haya dinero para un haiga.*
No tiene nada que ver con el verbo haber.

196 Después de signos de cierre de interrogación o exclamación (?!) se puede poner coma, pero nunca punto, ya que el signo lo incluye.

197 El que habla bien, escribe mejor.

198 Es «echar», no «hechar». Es «voy a ver», no «voy haber».

199 Pleonasmo: demasía o redundancia viciosa de palabras.
Cállate la boca.
Cita previa.
Baja hacia abajo.
Mas sin embargo.

200 ¿Vas a «stalkear»? Lo correcto en español es «acechar», «espiar», «husmear» o incluso «acosar».

201 Muchas personas saben hablar y criticar, pocas saben escuchar y entender.

202 Es «así que», no «asique».
Es «yendo», no «llendo».
Es «yo sé», no «yo se».

203 Las palabras escritas con mayúsculas deben llevar tildes; antes no se ponían por un tema de imprenta.

204 A veces por no aceptar un error, cometes mil más.

205 «Por qué»: es de pregunta.
«Porque»: es de respuesta.
«Porqué»: es un sustantivo que denota causa.
«Por que»: es una preposición más un pronombre o una conjunción.

206 «Por qué»: sirve para introducir oraciones interrogativas y exclamativas directas e indirectas. *¿Por qué lo dijo? Algún día sabrás por qué.*

207 «Por que»: es una preposición más un pronombre o una conjunción. *Ese fue el motivo por (el) que te busqué. Las razones por (las) que competían.*

208 Escribir y hablar correctamente da prestigio, despierta admiración y respeto. Escribir con faltas ortográficas decepciona a quien nos lee.

209 «Porqué»: es un sustantivo masculino que equivale a «causa», «motivo» o «razón». *No entendí el porqué de su visita.*

210 El problema es que la gente sabe poco, pero habla mucho.

211 Hay muchas personas que dicen «entendistes», «comistes», «llegastes».
Lo correcto es «entendiste», «comiste», «llegaste» sin la «s» final.

212 La letra más usada en español es la «e», no la «a».

213 No existen los verbos «direccionar», «emproblemar», «recepcionar», «legitimizar», «antagonizar», «obstruccionar».
Su uso es un error.

214 No es «depronto», es «de pronto».
No es «osea», es «o sea».
No es «porfavor», es «por favor».
No es «ati», es «a ti».

215 Recuerda que un esfuerzo debe ser «sobrehumano» y no «sobre humano» (para que no afectes al que queda de abajo).

216 Con 23 letras, la palabra «electroencefalografista» es la más larga de todas las aprobadas por la RAE.

217 «Nunca digas «han habido» aunque hables en plural. Di «ha habido».
Las frases impersonales van siempre en 3.ª persona del singular.

218 En español lo correcto es «sándwich», «güisqui», «bluyín», «champú», «fólder».

219 Los sabios son los que buscan todos los días aprender algo nuevo, los tontos piensan que ya lo saben todo.

220 No se te ocurra escribir o decir «haiga» para referirte al verbo haber.
Lo correcto es: «haya».

221 La palabra «haiga» sí existe, pero no tiene nada que ver con el verbo haber; en ese caso es «haya». «Haiga» significa «automóvil muy grande y ostentoso».

222 «Ves»: forma del verbo «ver» que nada tiene que ver con el verbo «ir».
Nunca digas «ves» refiriéndote a «ir».

223 El punto y coma (;) indica una pausa mayor a la de la coma, pero menor a la del punto.
Después de (;) debe escribirse con minúscula.

224 La «r-» inicial pasa a «-rr-» cuando, al añadir un prefijo, queda entre vocales: *antirrobo, publirreportaje*.

225 Donde hay soberbia, allí habrá ignorancia; pero donde hay humildad para aprender, habrá sabiduría.

226 El término «guglear» es una adaptación válida al español del inglés «to google».

227 Dequeísmo: para evitar este error, con preguntas vemos si «de» debe ir. ¿De qué está seguro? --> Está seguro de que... ¿Qué piensa? --> Piensa que... (no piensa de que).

228 «A ver» se refiere a «veamos», no tiene nada que ver con el verbo «haber». Palabras como «aver», «haver», «aber» no existen.

229 Antes de actuar, hablar y escribir, hay que pensar.

230 No es «rampla», es «rampa». No es «enchufle», es «enchufe».

231 Los superlativos como «guapísimo» no necesitan repetir la sílaba «si» para enfatizar ni anteponer adverbios como muy o menos.

232 «Fue», «fui», «fe», «ti», «ve», «vi», «di», «da», «dio», «va», «vio» y «ni» no se tildan nunca. Recuerda: nunca.

233 Nunca discutas con un estúpido; te hará descender a su nivel y ahí te vencerá por experiencia.

234 Se usa «c» delante de «e» o «i» en palabras derivadas de otras que contengan «z»: *realzar / realce, lanzar / lance, pez / peces.*

235 No es «conosco», es «conozco». No es «balurdo», es «palurdo».

236 Nunca te acuestes sin aprender algo nuevo.

237 ¿Sabías que decir «buena ortografía» es un pleonasmo?
Pleonasmo: demasía o redundancia viciosa de palabras.

238 Es «zafar», no «safar».
Es «decisión», no «desición».
Es «a través», no «atraves».

239 ¿Ironía? Ironía es que «todo junto» se escribe separado y «separado» se escribe todo junto.

240 ¿Sabías que «onomatofobia» significa: persistente, anormal e injustificado miedo a escuchar una palabra en particular?

241 La ortografía es una enfermedad de transmisión textual.

242 (Nosotros) venimos: en presente.
(Nosotros) vinimos: en pasado.
(Tú) vienes: en presente.
(Tú) viniste: en pasado.
«Veniste»: no existe.

243 Ver: percibir por los ojos.
Mirar: prestar atención a lo que se ve.
Oír: percibir por los oídos.
Escuchar: prestar atención a lo que se oye.

244 Una coma (,) puede salvar una vida: si dicen «No, tenga piedad» en vez de «No tenga piedad».
O también puede añadir una cita: si dicen «No espere» en vez de «No, espere».

245 Nunca digas ni escribas «llendo» ni «iendo»; lo correcto es «yendo», gerundio del verbo «ir».

246 Jamás algo que valga la pena será sencillo.

247 «Harto» («fastidiado» o «cansado») y «harto» (adverbio de cantidad que significa «bastante», «sobrado») se escriben con «h».
«Arto»: es una planta.
«Jarto»: no existe.

248 «Cayó»: forma del verbo «caer».
«Calló»: forma del verbo «callar».

249 «Hecho»: participio del verbo «hacer». *Yo lo he hecho.*
Echo: forma del verbo «echar». *Yo lo echo del trabajo; Lo echó, le sacó la roja.*
«Hechar»: NO existe.

250 «Ves»: forma del verbo «ver».
«Vez»: denota tiempo, ocasión. Esta vez te ves muy bien.

251 Antes de hablar y escribir, por favor, conecta la lengua al cerebro.

252 Allá (lugar) en el mercado no se halla (encontrar) jabón.
¡No es posible que haya (haber) desaparecido!, dijo la aya (niñera).

253 «Vaya»: forma del verbo «ir». *No creo que vaya.*
«Baya»: sustantivo que significa «fruto». *Cómete una baya.*
«Valla»: sustantivo que significa «cercado». *No saltes la valla.*
«Valla»: sustantivo que alude a la publicidad: *Es el niño de la valla.*

254 Todos nos equivocamos, lo importante es aprender y corregir nuestros errores.

255 «Rayar» es hacer rayas, o tachar lo manuscrito o impreso con rayas.
«Rallar» es desmenuzar algo con el rallador, o molestar, fastidiar.

256 ¿«Enserio» o «en serio»?
«Enserio»: es del verbo «enseriar».
«En serio»: significa «en realidad», «de verdad», y denota que se hace o dice algo seriamente.

257 Ojalá no se pierda esa bonita costumbre de decir «gracias», «permiso», «por favor» y «perdón».

258 «Tuvo»: pasado en 3.ª persona de «tener». *Tuvo miedo.*
Si le pones una «b» a «tuvo», estarías refiriéndote al «tubo» (cilindro hueco).

259 *Grosso modo* significa «a grandes rasgos»; es incorrecto anteponer la preposición «a» (o sea, olvídate de «a grosso modo» por favor).

260 ¿«Disque» o «dizque»?
«Disque»: es del verbo «discar».
«Dizque»: murmuración, como decir «al parecer» o «presuntamente».

261 Diminutivos:
Casa / casita.
Lápiz / lapicito.
Papá / papacito.
Princesa / princesita.
Arroz / arrocito.
Amor / amorcito.

262 Es «trajeron», no «trajieron».
Es «a pesar», no «apesar».
Es «anécdota», no «anectota».

263 Si eres de los que juzgan un libro por su cubierta, es posible que te pierdas una historia asombrosa.

264 La locución latina *in memoriam* se usa en caso de fallecimientos y significa «en memoria de».

265 Dime cómo es tu ortografía y sabré muchas otras cosas de ti; tu ortografía es tu presentación, igual de importante que tu sonrisa.

266 «O sea» va separado.
«Ósea» se refiere a los huesos.

267 No digas *Hubieron heridos*, di *Hubo heridos*.
No digas *Habemos dos personas en el auto*, di *Estamos dos personas en el auto*.

268 Si te refieres a la estrella que está en el centro de nuestro sistema planetario, escribe «Sol» con mayúscula inicial.

269 «Posible» es lo que puede ser o suceder.
«Probable» es lo que se puede probar.
Es posible que escale el Everest, pero no es probable.

270 Lo correcto es «a menos que», no «a menos de que».
Lo correcto es «me di cuenta de que», no «me di cuenta que».

271 Antiguamente, el concepto de «familia» incluía a los esclavos. Recuérdalo cuando te digan en el trabajo: «Somos una familia».

272 Palabras cultas: «Panacea»: supuesto remedio para cualquier mal físico o moral. *Reír es la nueva panacea.* ¡Hay que sonreír siempre!

273 El truco está en leer mucho para aprender a escribir correctamente.

274 De los creadores de «Sube para arriba» y «Baja para abajo», llega «Sal para afuera». Nunca digas esto, es redundante.

275 La diferencia entre «robar» y «hurtar» es que el robo se hace con violencia e intimidación, y el hurto no.

276 La «v» se llama «uve» y la «w», «uve doble»; no hay que señalar la «b» como «larga» o «de burro», ni decir «uve corta» o «de vaca».

277 Acrónimos como UNESCO, OTAN o Unicef pueden escribirse tanto en mayúscula compacta como solamente con mayúscula inicial.

278 Algunos estudios destacan que las personas con faltas ortográficas sufren más para conseguir un empleo que aquellas que escriben correctamente.

279 No confundir «ver» con «mirar»: «Ver» es «percibir por los ojos». «Mirar» es «prestar atención a lo que se ve».

280 Todas válidas y aprobadas por la RAE: Alverja / arveja. Imprimido / impreso. Toballa / toalla.

281 Cada vez que abres un libro y te dispones a leerlo, un árbol sonríe al ver que sí hay vida después de la muerte.

282 Nunca digas «rompoy» ni «romboi», di «glorieta» o «rotonda». En USA se llama *traffic circle*. En Inglaterra *roundabout*.

283 Los monosílabos no se tildan, salvo estos, por tener gemelos con distinto significado: «mí», «tú», «él», «sí», «sé», «té», «dé», «más», «qué», «cuál», «quién» y «cuán».

284 Una coma (,) puede hacerte perder una cita si dices: «No espere».
Lo correcto es: «No, espere».

285 «Hay» = Haber.
«Ahí» = Lugar.
«Ay» = Exclamación.
«Haya» = Haber.
«Halla» = Encontrar.
«Ahy» = no existe.
«Haiga» = Automóvil grande.

286 Para fantasías textuales, tu guapa ortografía.

287 Todas válidas y aprobadas por la RAE:
Murciégalo / murciélago.
Mostro / monstro / monstruo.

288 Es «contigo», no «con tigo».
Es «conmigo», no «con migo».
Es «aunque», no «aun que».

289 A los que piensan que por agredir al otro pueden cambiarle el pensamiento: os recuerdo que un insulto con mala ortografía es un halago.

290 Las personas no son esclavas de las demás, sino de su propia ignorancia.

291 Es «durmiendo», no «dormiendo».
Es «dijera», no «dijiera».
Es «nieva», no «neva».
Es «riego plantas», no «rego plantas».

292 Es «por favor», no «porfavor».
Es «a veces», no «aveces».
Es «a pesar», no «apesar».

293 Si te refieres a la palabra clave o código para entrar a tu cuenta, di «contraseña» en lugar de *password*.

294 La clave para escribir sin faltas de ortografía es leer mucho e intentar escribir lo mejor posible siempre; me refiero a tuits, chats, etc.

295 «Fue», «fui», «fe», «ti», «vi», «da», «ve» no se tildan nunca.

296 «Voz»: sonido que se produce al hablar. *Tu voz es linda.*
«Vos»: pronombre de 2.ª persona del singular. *Vos fuiste el culpable.*

297 Son válidas y aprobadas por la RAE:
Fútbol / futbol.
Vídeo / video.
Período / periodo.

298 «Accesible»: que tiene acceso.
«Exequible»: que puede hacerse, conseguirse.
«Asequible»: que puede conseguirse o alcanzarse.

299 Una biblioteca es un lugar donde puedes perder tu inocencia sin perder la virginidad.

300 No es lo mismo «haré» que «aré»:
«Haré»: forma del verbo «hacer» en futuro.
«Aré»: forma del verbo «arar» en pasado.

301 Son válidas y aprobadas por la RAE:
Proveído / provisto.
Freído / frito.

302 No confundir «combino» (combinar) con «convino» (convenir) ni «asecha» (poner asechanzas o engaños) con «acecha» (perseguir cautelosamente).

303 Palabras cultas: «Adventicio»: que sucede de manera casual u ocasional. *Lo conocí de forma adventicia.*

304 «Haber» es un verbo.
«A ver» es mirar.
«Haver» no existe.

305 Es «utensilio», no «utensillo».

306 Recuerda esto:
«Fue» y «fui» (de «ser» e «ir»).
«Di» (de «dar» y «decir»).
«Ve» (de «ir» y «ver»).
Nunca llevan tilde, nunca.

307 «Si no» implica condición. *Voy a comer algo; si no, me muero.*

308 En español es «pan», y su plural «panes», así como «fan» y «fanes» (admirador o seguidor).

309 El ignorante critica porque cree saberlo todo, el sabio respeta porque reconoce que puede aprender algo nuevo.

310 Ver a alguien leyendo un libro que te gusta es ver a un libro recomendándote a una persona.

311 «Haber» se usa como verbo auxiliar o para denotar presencia o existencia. *Haber comido; Puede haber personas.*

312 «Satisfacer» se conjuga como «hacer»:
Yo hago; yo satisfago.
Yo hice; yo satisfice.
Que haga; que satisfaga.
He hecho; he satisfecho.

313 La mala ortografía es el mal aliento virtual.

314 Cuando termines una oración con signos de cierre, recuerda que estas no llevan punto final (es suficiente con el del signo).

315 «Ahí»: en ese o a ese lugar (algo cercano).
«Allí»: en aquel lugar (algo lejano).

316 Si un párrafo finaliza con una abreviatura, después del punto de esta no debe ponerse el punto final. Ej. Quiero comer, bailar, jugar, etc.

317 Es «trasplante», no «transplante».
Es «zafar», no «safar».

318 La lectura hace al hombre completo; la conversación, ágil, y el escribir, preciso.

319 «Ha» es del verbo «haber». *Diego no ha cantado.*
«A» es una preposición. *Diego se va a bañar.*
«Ah» se usa para denotar admiración.

320 «Haz»: es del verbo «hacer» *(Haz lo que yo hago)* o un sustantivo *(Un haz de luz)*
«Has»: es del verbo «haber». *Pedro, ¿has ido?*
«As»: es un sustantivo. *El as del volante.*

321 Es «prever», no «preveer».
Es «a veces», no «aveces».
Es «echar», no «hechar».

322 Es «trajeron», no «trajieron».
Es «a pesar», no «apesar».

323 El mundo sería un lugar mejor si las personas le dieran menos importancia a los signos zodiacales y más a los signos de puntuación.

324 «He»: forma del verbo «haber».
«E»: sustituye la conjunción «y» para evitar el hiato.
«Eh»: es una interjección.
He visto que estás sola e inquieta, ¡eh!

325 Uno es dueño de lo que calla y esclavo de lo que habla y escribe.

326 La importancia de la coma:
No es lo mismo «No tengo novio» que «No, tengo novio».

327 Son válidas y aprobadas por la RAE:
Quizá / quizás.
Adonde / a donde.

328 No confundas «ateo» (niega la existencia de Dios) con «agnóstico» (declara inaccesible todo conocimiento que trasciende la experiencia).

329 «Bebés y mamás gratis» no es lo mismo que «bebes y mamas gratis».
¿Ves la importancia de las tildes y la ortografía?

330 «Ay»: es una exclamación.
«Ahí»: es un lugar.
«Hay»: forma del verbo «haber».
¡Ay!, ahí hay agua.

331 «Echo»: escrito sin hache, es del verbo «echar». *Echo papeles a la basura.*
«Hecho»: escrito con hache, es del verbo «hacer».
Pedro no ha hecho el oficio.

332 No es «ati», es «a ti».
No es «enserio», es «en serio».
No es «deacuerdo», es «de acuerdo».
No es «enfin», es «en fin».

333 La enorme diferencia entre «haz lo posible» y «hazlo posible».

334 Antes se escribía:
«Solo», de soledad.
«Sólo», sinónimo de solamente.
En la actualidad puede escribirse sin tilde en ambos casos.
(Reformas de la RAE).

335 Después de signos de cierre de interrogación o exclamación (?!) se puede poner coma y dos puntos, pero no punto, pues el signo lo incluye.

336 «Piropo» viene del griego *pyropus*, que significa «rojo fuego».

337 «Echo»: forma del verbo «echar».
«Hecho»: forma del verbo «hacer».
De hecho, te echo de menos.
He hecho el jugo, pero mejor lo echo en el vaso.

338 Mi peor error en la vida... fue poner puntos suspensivos donde iba un punto final.

339 No es «con migo» ni «con tigo».
Lo correcto es «conmigo» y «contigo».

340 No es «depronto», es «de pronto».
No es «porfavor», es «por favor».

341 «Haya»: forma del verbo «haber».
«Halla»: forma del verbo «hallar», que significa «encontrar».
«Allá»: indica lugar.
«Aya»: persona encargada de niños.

342 «Sexy» no significa «sin ropa» y «estudio» no significa «educación».

343 Nunca uses «hubieron» para denotar existencia; en ese caso, siempre será «hubo». *Hubo muchas personas.*

344 En español, el plural de «cómic» es «cómics» (en ambos casos con tilde). El plural de «mandamás» es «mandamases».

345 «Veniste» no existe.

346 Si no sabes la diferencia entre «ves» y «vez», es porque siempre ves televisión y rara vez abres un libro.

347 «Sé»: forma del verbo «ser» o «saber». *No sé qué tienes; Sé tú mismo.*

348 Nunca digas «habemos» para referirte a «somos» o «estamos».

349 No confundir «enserio» y «en serio»:
«Enserio»: forma del verbo «enseriar».
«En serio»: algo veraz, sinónimo de «en realidad», «de verdad».

350 En español, a diferencia de otras lenguas, los gentilicios se escriben con minúscula inicial.

351 Debería existir una multa por errores ortográficos en anuncios publicitarios: eso sí es contaminación visual.

352 Pongamos comas. No es lo mismo «¡Vamos a comer, niños!» que «¡Vamos a comer niños!».

353 En un texto, los números del uno al nueve se escriben con letras; del 10 en adelante con números.

354 La palabra «solo» ya no lleva tilde, ni siquiera en los casos de ambigüedad.

355 «Allá»: adverbio de lugar.
«Haya»: forma del verbo «haber».
«Halla»: forma del verbo «hallar».
«Haya»: árbol de la familia de las fagáceas.
«La Haya»: ciudad holandesa sede de la CIJ.

356 Caras vemos, ortografía no sabemos.

357 Palabras que muchos escriben con tilde y no la llevan: examen, imagen, estoico, origen, joven, margen, resumen, dio, vio, fue.

358 Una coma (,) puede hacernos perder una cita si dices «No espere» en lugar de «No, espere».

359 «Haz»: forma del verbo «hacer». *Tú haz lo que yo hago; Hazla con sal.*
«Has»: forma del verbo «haber». *No has ido.*

360 Redundancia: repetición o uso excesivo de una palabra o concepto. Nunca digas «sube para arriba», «baja para abajo», «mas sin embargo».

361 La falta de una coma (,) nos puede meter en problemas judiciales por canibalismo: «Vamos a comer niños» no es lo mismo que «Vamos a comer, niños».

362 El saber y la razón hablan; la ignorancia y el error gritan.

363 Atención: os recordamos que la palabra «solo» ya no lleva tilde.

364 La RAE eliminó la tilde diacrítica en el adverbio «solo» y los pronombres demostrativos incluso en casos de posible ambigüedad.

365 «Mí»: pronombre. *Todo es para mí.*
«Mi»: adjetivo posesivo. *Esa es mi hija.*
«Mi»: nota musical.

366 Una coma (,) puede salvar una vida: no es lo mismo «No tenga piedad» que «No, tenga piedad».

367 Hay gente que porque sabe leer y escribir, cree que sabe leer y escribir.

368 No confundas «hacia» y «hacía».
«Hacia»: denota dirección.
«Hacía» (con tilde): es una forma del verbo hacer.
No sé qué hacía cuando iba hacia allá.

369 El verbo «cantinflear» (hablar disparatadamente sin decir nada), inspirado por el mexicano Mario Moreno *Cantinflas,* fue aceptado por la RAE en 1992.

370 Nunca uséis «hubieron» para denotar existencia, en ese caso siempre hay que emplear «hubo».
Hubo mucha gente; Hubo muchos juegos.

371 Nunca digas «fuistes», «cogistes», «estuvistes».
Lo correcto es «fuiste», «cogiste», «estuviste».

372 No se dice «pilotear» una nave o un auto, se dice «pilotar».
«Pilotear» es fundir pilotes para reforzar los cimientos de una construcción.

373 Nunca escribáis, ni leáis, ni digáis «kien» y «ke».
Se escribe, se lee y se pronuncia: «quien» y «que».

374 Muchas personas dicen que lo importante es lo que se escribe y no la forma en que se escribe. Creemos que las dos cosas son importantes.

375 Nunca digas «constelación de estrellas». «Constelación» significa «conjunto de estrellas».

376 En español el plural correcto de «sándwich» es «sándwiches». El plural de «fémur» es «fémures». El plural de «suvenir» es «suvenires».

377 «Aptitud»: sustantivo que significa «conocimiento o capacidad para desarrollar cierta actividad».
«Actitud»: sustantivo que significa «voluntad para encarar las actividades».

378 No confundir «meritar» (hacer méritos) con «ameritar» (dar méritos). Como sinónimo de «merecer» se usa «ameritar».

379 Deseo que llegue un día en que en este país todos estemos armados con un libro.

380 «Ha»: forma del verbo haber.
«A»: preposición.
«Ah»: interjección.
¡Ah!, iré a ver a mi amiga, ella ha estado triste.

381 No es «depronto», es «de pronto».
No es «enserio», es «en serio».

382 La palabra «alunizar» es correcta y significa «posarse en la Luna».

383 No se te ocurra escribir o decir «haiga» para referirte al verbo «haber».
La forma correcta es «haya».

384 Palabras cultas:
«Perendengue»: adorno de poco valor. *Traía colgados varios perendengues.*

385 No confundir:
«Reciente» (recién) con «resiente» (resentir).
«Rebelar» (sublevar) con «revelar» (descubrir).
«Calló» (callar) con «cayó» (caer).

386 Antes de hablar y escribir, piensa.

387 Cuando un número lleva un solo dígito, se escribe con letras; si lleva dos o más, se escribe con números. *Falta uno para llegar a 10.*

388 Palabras cultas: «Ósculo»: significa «beso». *Me gusta saludar a mi pareja con un buen ósculo.*

389 No confundir:
«Desecho» (desechar) con «deshecho» (deshacer).
«Cocer» (cocinar) con «coser» (hilo y aguja).
«Hierba» (planta) con «hierva» (hervir).

390 ¿Sabías que «sendos» significa «una cosa para cada uno». *Dio sendas bicicletas a sus tres hijos.*

391 En español para el plural de «club» son válidas las formas «clubes» y «clubs».

392 No le escribas mucho a quien responde poco.

393 Un punto (.) denota fin de una oración. Dos (:) se emplea para llamar atención de lo que sigue. Tres (...) indica suspenso y cuatro o más (....), ignorancia.

394 No confundas «tubo» con «tuvo»:
«Tubo» del agua se escribe con «b».
«Tuvo» del verbo «tener» se escribe con «v».

395 «Si no»: es condicional.
«Sino»: sirve para contraponer un concepto a otro.
Si no quieres, entenderé; aunque no estés conmigo, sino con él.

396 «Ves», escrito con «s»: forma del verbo ver.
¿Ves ese auto?
«Vez», escrito con «z»: adverbio de tiempo o cantidad.
Es mi tercera vez.
Si alguna vez me ves.

397 Algunos libros son probados, otros devorados, poquísimos masticados y digeridos.

398 Lo correcto es «punto final», no «punto y final».

399 No confundas «iba» con «iva»:
«Iba»: forma del verbo «ir».
«IVA»: impuesto sobre el valor añadido.
«Hiba»: no existe.

400 Nunca digas «hubieron» ni «han habido». Di «hubo» o «ha habido».

401 Escribir correctamente aumenta las posibilidades de éxito. Dé a la ortografía tanta o más importancia que al vestir y al hablar.

402 *Sine qua non* (sin el cual no), *in situ* (en el sitio), *de facto* (de hecho), *per se* (por sí mismo), *ad libitum* (a voluntad), *a priori* (antes).

403 Recibir un mensaje bien escrito de la persona que quieres diciéndote que te extraña no tiene precio.

404 Si la palabra lleva «s», su diminutivo será con «s».
Casa > casita.
Si lleva «z» u otra letra, su diminutivo será con «c». *Panza > pancita.*

405 «Haber» es un verbo.
«A ver» es la preposición «a» más el verbo «ver».
A ver qué pasa por haber actuado mal.

406 ¿Sabías que eres más propenso a memorizar lo que escribes si usas tinta azul?

407 ¿«Empuercando» o «emporcando»?
Lo correcto es «emporcando». El infinitivo es «emporcar», no «empuercar».

408 «A»: preposición.
Voy a realizar un viaje.
«Ha»: forma del verbo «haber», que podemos conjugar en plural.
Ha venido / Han venido.

409 «Abajo»: adverbio que indica lugar o dirección. *Lo vi abajo.*
«A bajo»: equivale a poco, pequeño. *A bajo costo.*

410 No dediques tiempo a quien no lo valora. No dediques letras a quien no las lee.

411 «Demás»: los otros, las otras. *¿Dónde están los demás?*
«De más»: más de la cuenta, en exceso. *Me has dado de más.*

412 Se separan con coma los sustantivos que funcionan como vocativos.
Hola, Ramón.
Te quiero, amigo.
Sepa, señor, que usted está loco.

413 Orgulloso me siento de mis errores, porque ellos han sido mi mejor maestro.

414 El verbo «prever» se conjuga como «ver» (y no como «proveer»): «prevé», «prevés», «previó».

415 Es «contigo» y «conmigo», no «con tigo» y «con migo».
Es «voy a ver», no «voy haber».
Es «aprieto», no «apreto».

416 La clave está en leer mucho para aprender a escribir correctamente.

417 Importante:
Lo relativo al cáncer o afectado por él es «canceroso».
Lo que puede provocarlo es «cancerígeno».

418 Lo indicado es decir «vaso de agua»; ahí la preposición «de» hace referencia al contenido del vaso, no a su material.

419 «Él»: siempre con tilde cuando es un pronombre personal. *Es de él.*

420 EE. UU. debe escribirse así, con puntos y un espacio entre los grupos de letras, porque es una abreviatura, no una sigla.

421 Qué bonito sería que todos escribiéramos bien sin maltratar el idioma.

422 No confundir «votar» con «botar»:
«Votar»: dar un voto o decir un dictamen.
«Botar»: arrojar, tirar, echar fuera a alguien.

423 Las palabras «imagen», «resumen», «margen» no llevan tilde.
La confusión surge por su plural: «imágenes», «resúmenes», «márgenes».

424 Para referirse a «100 %» son válidas:
«Cien por cien».
«Ciento por ciento».
«Cien por ciento».
Nunca digas «ciento por cien».

425 «Brasil», en español (y también en portugués, lengua oficial de ese país) se escribe con «s»; solamente en inglés puede ser *Brazil*.

426 Cuando no sepas qué ponerte, puedes ponerte a leer.

427 «Cede» con «c»: ceder, dar, entregar.
«Sede» con «s»: lugar, sitio.
El alcalde cede un lote para la nueva sede de la fundación.

428 La RAE recomienda usar en español las formas adaptadas «retuit», «retuitear» y «tuitero».

429 Un error común: confundir «asequible» (que puede conseguirse) con «accesible» (de fácil acceso).
No existe «axcequible».

430 Imagina lo bonito que serían Twitter y Facebook si toda la gente escribiera bien.

431 La abreviatura de «usted / ustedes» va con mayúscula inicial, así no se confundirá con «unidad / unidades».
Usted: Ud. / Uds.
Unidad: ud. / uds.

432 ¿La Internet o el Internet? Ambas son válidas, «Internet» es un nombre ambiguo.

433 No es «el mugre», es «la mugre».
No es «la agua», es «el agua».

434 Según la Universidad de Oxford, los videojuegos de acción son capaces de mejorar la capacidad de lectura (dislexia) y escritura (disgrafía).

435 La ortografía no es una moda que cambie según las tendencias, es sinónimo de cultura y educación.

436 «Enseguida»: adverbio de tiempo que indica rapidez. *Ven enseguida.*
«En seguida»: adverbio que indica lugar. *Mi casa está en seguida.*

437 No confundir:
«Memorándum»: informe en que se expone algo que debe tenerse en cuenta para una acción.
«Memorando»: que debe recordarse.

438 Como femenino de «juez» son válidos y aprobados por la RAE «la juez» y «la jueza».

439 Las formas «quizá» y «quizás» son igualmente válidas e intercambiables en todos los contextos.
Quizá vaya / Quizás vaya.

440 Nunca se puede cometer el mismo error dos veces, porque la segunda vez no es un error, es una decisión.

441 Como superlativos de «pobre» son válidas y aprobadas por la RAE las formas «paupérrimo» y «pobrísimo».

442 Según las reglas ortográficas vigentes, las siglas son gráficamente invariables en plural. *Las ONG; Unos DVD.*

443 En español:
el plural de «gay» es «gais».
El plural de «jersey» es «jerséis».
El plural de «hábitat» es «hábitats».

444 El gerundio de «dormir» es «durmiendo». Nunca digas «dormiendo».

445 Siempre llega un momento en la vida en que has de elegir entre dar vuelta a la página o cerrar el libro.

446 En español: el plural de «póster» es «pósteres». El plural de «revólver» es «revólveres». El plural de «cráter» es «cráteres».

447 «Lacrimoso»: que tiene lágrimas, que mueve al llanto o que se lamenta muy a menudo.

448 La importancia de las tildes: «Bebés y mamás» no es lo mismo que «bebes y mamas».

449 No es «camisa a rayas». Lo correcto es «camisa de rayas».

450 Hay tres cosas que destruyen a una persona: el vicio, la ignorancia y la soberbia.

451 Las siglas no llevan puntos; las abreviaturas, sí. EUA: siglas de Estados Unidos de América. EE. UU.: abreviatura de Estados Unidos.

452 No confundir «gravar» con «grabar». «Gravar»: imponer un gravamen o impuesto. «Grabar»: almacenar imágenes o sonidos.

453 ¿«Quizá» o «quizás»? Las dos formas son correctas, aunque se recomienda usar «quizá».

454 Lo correcto es «con base en», no «en base a».

455 No sé qué es de peor educación, si escribir mal o hablar con la mente vacía.

456 Es válido escribir «hubiera» o «hubiese». *Hubiera ido / Hubiese ido.* Lo importante es no sustituirlo por «fuera» o «fuese».

457 En los títulos, solamente se escribe con mayúscula inicial la primera palabra. *Cien años de soledad.* *Lo imposible.* *El padrino.*

458 Escribir «ola» para saludar es una muestra de ignorancia infinita.

459 «Haya» es del verbo haber. *Que haya amado.* «Halla» es del verbo «hallar» (encontrar). *Halla un amor.* «Allá» es «en aquel lugar».

460 «Sabia» es de «sabiduría»: *Ella es una mujer sabia.* «Savia» es el líquido de algunos vegetales: *La savia curativa de esa planta.*

461 «Allí» es «en aquel lugar». La diferencia con «ahí» tiene que ver con la distancia: lo más lejano está allí; lo más cercano, ahí.

462 Es «de acuerdo», no «deacuerdo». Es «por supuesto», no «porsupuesto». Es «a veces», no «aveces».

463 «Ósea» se refiere a los huesos. *Estructura ósea.* «O sea» significa «es decir». *Él, o sea Diego, lo vio.*

464 «Hecho» es de «hacer». *Hemos hecho el amor.* «Echo» es de «echar». *La echo de menos.*

465 La excusa de los ignorantes es decir que lo importante no es la forma de escribir, sino lo que se escribe.

466 Los libros tienen su orgullo: cuando se prestan, no regresan nunca.

467 «Haiga» es un auto lujoso. «Haya» es «haber». *Que haya comido.*
«Halla» es de «hallar» (encontrar). *Él halla a su novia.*

468 «En serio» es «sin engaño», «de verdad». *Te lo digo en serio.* «Enserio» viene de «enseriar» (ponerse serio). *Me enserio seguido.*

469 Cada dolor te hace más fuerte; cada traición, más inteligente; cada experiencia, más sabio; y cada error ortográfico, menos interesante.

470 El plural de «álbum» es «álbumes»; de «té», «tés»; de «tabú», «tabús» o «tabúes»; de «fe», «fes».

471 «Imprimir» tiene dos participios que son intercambiables: «imprimido» e «impreso». *Lo he imprimido / Lo he impreso.*

472 El femenino de «ingeniero» es «ingeniera». Nunca digas «la ingeniero».

473 ¿Sabías que aprender a hablar un segundo idioma ayuda a proteger contra la pérdida de memoria relacionada con la edad?

474 Antes de escribir, piensa. Antes de hablar, escucha. Antes de rendirte, intenta.

475 Las voces acabadas en «–ing» se consideran anglicismos crudos; al adaptarlas, pierden la «–g»: «esmoquin», «pudin», «márquetin», «cáterin».

476 «Sobre todo», separado, es un adverbio que significa «principalmente, especialmente». *Amo leer, sobre todo de noche.*

477 Importante: Las abreviaturas (vs., aprox., máx., etc.) terminan con un punto.
Los símbolos [h (hora/s); m (metro/s); etc.], no.

478 «Sólo»: solamente.
«Solo»: que está en soledad o es único.
Desde 2010, la RAE recomienda no poner esa tilde; pueden escribirse en ambos casos sin tilde.

479 Hoy son errores, mañana son experiencias.

480 Son válidas y aprobadas por la RAE:
Lagaña / legaña.
Criatura / creatura.
Arremangar / remangar.

481 Son válidas y aprobadas por la RAE:
Arrepentirse / repentirse.
Psiquiatra / siquiatra.
Retortijones / retorcijones.

482 Importante: la palabra inglesa «poker» se ha adaptado al español en las formas «póker» y «póquer», las dos con tilde.

483 «Ha» es de «haber». *Ha ido lejos.*
«Ah» es una interjección. *Ah, sí, lo vi.*
«A» es una preposición. *Vi a tu papá.*

484 ¿Cuántas veces has escrito algo y lo has borrado? ¿Cuántas veces te has tragado lo que ibas a decir?

485 Pleonasmos más comunes:
Cállate la boca.
Lo vi con mis propios ojos.
Sube arriba.
Baja para abajo.
Métete adentro.
Sal para afuera.

486 «Murciégalo» (ratón ciego) es la forma original, luego se aceptó «murciélago». Ambas son válidas y aprobadas por la RAE.

487 «Echar»: siempre va sin hache inicial. *Voy a echar a mi novia porque no sabe escribir bien.*
«Hechar»: no existe.

488 ¿Sabías que con música aprendemos idiomas más rápido? Resulta más fácil aprender palabras cuando alguien las canta.

489 El que no sabe lo que busca nunca se conformará con lo que encuentra.

490 Leer es bueno para la cultura general, pero se ha demostrado que también sirve para ejercitar el cerebro.

491 Es «decisión», no «desición». Es «queramos», no «querramos». Es «utensilio», no «utensillo». Es «zafar», no «safar».

492 «Mercadotecnia» es el equivalente español del anglicismo *marketing*. También existe la adaptación «márquetin».

493 Todas válidas y aprobadas por la RAE:
Alverjas / arvejas.
Toballa / toalla.
Murciégalo / murciélago.
Pirsin (*piercing*).
Güisqui (*whisky*).

494 «Rebelar» significa «sublevar» (*Los jóvenes se rebelan*); «revelar» significa «mostrar» (*Marte se resiste a revelar sus secretos*).

495 «Veniste» no existe. Lo correcto es «viniste». Se suele confundir con «venimos» y «vinimos», que son válidos.

496 Se escriben con «b» los verbos terminados en «-bir»: «escribir», «subir», «prohibir», «recibir», «descubrir» y «suscribir». Las excepciones son «hervir», «servir» y «vivir».

497 Se escriben con «v» los adjetivos terminados en «-avo», «-ava», «-evo», «-eva», «-eve», «-ivo», «-iva»: *esclavo, octava, longevo, nueva, decisivo.*

498 Se escribe «c» en las sílabas «ce», «ci», como en *ceja, ciervo, cielo*. Con las letras «a», «o», «u», se escribe «z», como en *zoquete y zumo*.

499 Reglas de la vida:
1 - No sufrir por cosas sin sentido.
2 - No apegarte a nada.
3 - Vivir al máximo.
4 - Sonreír siempre.
5 - Escribir bien.

500 Se escribe «z» al final de las palabras cuyo plural es acabado en «-ces»:
Andaluz / andaluces.
Perdiz / perdices.
Luz / luces.
Lombriz / lombrices.

501 Se escribe «b» antes de «l» y «r», como en los grupos consonánticos «-bl» y «-br»: *doble, brazo, abrigo, broma, bruja, amable, broche, descubrir.*

502 Los signos de interrogación (¿?) se escriben al inicio (¿) y al final (?) de las preguntas: no poner ambos signos es un error ortográfico.

503 La gente puede tener piedras, garrotes o pistolas; aun así, si no tiene libros está completamente desarmada.

504 Lo correcto es «la autoestima», ya que «estima» es una palabra de género femenino y el prefijo «auto» no la altera.

505 Con minúscula se escriben los días de la semana, los meses y las estaciones del año. *Nos vemos el primer viernes de septiembre, en el verano.*

506 Las personas «sufren abusos», no «son abusadas».

507 No confundir «sima» con «cima», palabras con significados opuestos: la primera es una cavidad profunda; la segunda, el pico de una montaña.

508 El primer paso de la ignorancia es presumir de saber y creer que no necesita aprender nada más.

509 Se escriben con «z» las terminaciones «-azo», «-aza»: *pedazo, terraza.*

510 La expresión correcta es «surtir efecto», no «surgir efecto». *La medida no surtió efecto.*

511 La letra más utilizada en el español es la «e», seguida de la «a», la «o» y la «i»; y las consonantes son: «s», «r», «n», «d»; en ese orden.

512 A veces la gente sabe poco, pero habla mucho.

513 Cuando los grupos «bi», «bis», «biz» tienen el significado de «dos» o «doble», se escriben con «b». *Bisabuelo, bizco.*

514 La felicidad no se compra, pero puedes comprar libros y eso es básicamente lo mismo.

515 No digas «fuegos pirotécnicos». Di «juegos pirotécnicos», porque la raíz «piro» significa «fuego». También puedes decir «fuegos artificiales».

516 El que lee mucho y anda mucho, ve mucho y sabe mucho.

517 «Esdrújula» es una palabra esdrújula, y todas las esdrújulas llevan tilde: *rápido, príncipe, muchísimo.*

518 ¿Sabías que la palabra «ojalá», que denota vivo deseo de que suceda algo, proviene del árabe, y significa literalmente «si Dios quiere»?

519 Es «peleé», no «pelié». Es «volteé», no «voltié». Es «paseé», no «pasié». Es «golpeé», no «golpié».

520 ¿«Escribidor» o «escritor»? Antes se usaban como sinónimos; hoy se usa «escribidor» para referirse a un mal escritor.

521 El español es la segunda lengua más usada en las redes sociales, después del inglés. ¿Por qué no escribir bien y hacer respetar nuestro idioma?

522 No poner una coma puede llevarnos a grandes problemas si dices «No tienes razón» en lugar de «No, tienes razón».

523 Importante: «Cómo» se usa con tilde en oraciones interrogativas y exclamativas, ya sean directas o indirectas.

524 Los gerundios de los verbos terminados en «-eer», «-uir» y «-aer» finalizan con «-yendo».
Leer > leyendo.
Huir > huyendo.
Caer > cayendo.

525 Zampabollos: persona que come en exceso y con ansia.

526 La lectura es a la mente lo que el ejercicio al cuerpo.

527 Una fobia es una aversión obsesiva a alguien o a algo; y también un temor irracional.
Lo admito: les tengo fobia a los que «ExCRivEm aZzi».

528 Importante:
Llevan tilde todas las palabras esdrújulas y sobresdrújulas: *lámpara, ártico, científico, antipático.*

529 El verbo «echar» forma parte de la locución «echar de menos», que significa «añorar»: recuérdalo cuando le digas «Te echo de menos».

530 En las palabras compuestas unidas por guion, cada término conserva su tilde:
teórico-práctico, físico-químico.
Por cierto: «guion» no lleva tilde.

531 Las faltas de ortografía hacen que en un segundo se pierda el interés por lo que se está leyendo.

532 En la nueva edición del *Diccionario de la Real Academia Española* aparece el verbo «tuitear», que se conjuga como el verbo «amar».

533 «Asimismo» es «también».
Habrá cena y baile; asimismo se ofrecerá un obsequio.
«Así mismo» es «de ese mismo modo».

534 Recuerda: el punto va siempre después de las comillas de cierre.
Lo mejor de una persona es «la humildad».

535 No vayas a donde no te inviten. No te metas en lo que no te importa. No hables de lo que no sabes.

536 Un simple «ok» destruye cualquier conversación.

537 Si una frase es tanto interrogativa como exclamativa, se utilizan ambos signos.
¡¿Qué?!
¡¿No te dolió?!

538 Aunque los pronombres «mí» y «tú» llevan tilde, «ti» no la lleva nunca. Nunca.

539 Lo correcto es «malpensado», no «mal pensado». *Eres un malpensado.*

540 «Perdonar» no es sinónimo de «seguir aguantando estupideces».

541 Las tildes son importantes, si alteramos la tilde en una palabra podemos cambiar el significado de la misma. No es lo mismo «público» que «publicó».

542 Importante: Las palabras llanas llevan tilde siempre que terminan en cualquier consonante que no sea «n» o «s», como en el caso de «imbécil».

543 «Sesión» es el tiempo de una actividad: *Sesión de trabajo.* «Cesión» es del verbo «ceder». «Sección» es una parte de algo.

544 El sabio nunca dice todo lo que piensa, pero siempre piensa todo lo que dice.

545 Nunca digas «Hubieron dos personas»: es incorrecto. Lo correcto es «Hubo dos personas».

546 Es «censo», no «senso», pero es «consenso», no «concenso». Es «móvil», no «móbil», pero es «mobiliario», no «moviliario».

547 Cuando te refieres a uno de los integrantes de un matrimonio, lo correcto es «cónyuge». Nunca digas «cónyugue»: esa palabra no existe.

548 Pensar antes de hablar y escribir no cuesta nada.

549 La falta de «aptitud» es «ineptitud», no «inaptitud».

550 La letra menos usada del alfabeto español es la «w» y la más usada por los ignorantes es la «k».

551 Es «voy», no «boy». Es «así que», no «asique».

552 Lo correcto es «a pesar de que». Nunca digas «a pesar que».

553 Cuando sé que una persona tiene el hábito de la lectura, estoy predispuesto a pensar bien de ella. Leer te hace más feliz y más interesante.

554 Una persona normal utiliza cotidianamente alrededor de 300 palabras diferentes; si es culta y está informada utilizará unas 500.

555 «Satisfacer» se conjuga como «hacer»:
Yo hago; yo satisfago.
Yo hice; yo satisfice.
Que haga; que satisfaga.
He hecho; he satisfecho.

556 El prefijo «ex-» se escribe pegado a la base si esta es univerbal (*exmarido*); separado, si es pluriverbal (*ex alto cargo*).

557 ¿Sabías que leer y escribir bien ejercita el cerebro y ayuda a prevenir enfermedades neurodegenerativas?

558 «Decimoprimero» y «decimosegundo» son válidos como ordinales correspondientes a 11 y 12; también son correctos «undécimo» y «duodécimo».

559 Los nombres de organismos o instituciones se escriben con mayúscula. *El Ministerio de Educación.*

560 «Cuscús» viene del francés *couscous,* y este del árabe *kuzkuz.* El plural es "cuscuses".

561 «Humildad»: el valor más hermoso del ser humano, pero también el más escaso.

562 «Echo»: forma del verbo «echar», sin hache. *Echo papeles a la basura.*
«Hecho»: forma del verbo «hacer», con hache. *Juanito no ha hecho la tarea.*

563 No es lo mismo «Vamos a perder poco, se resolvió» que «Vamos a perder, poco se resolvió».
¿Ves la importancia de la coma y la ortografía?

564 Se escribe «sión» cuando proviene de palabras terminadas en «-so», «-sor», «-sar», «-sivo», «-sible».
Televisión/televisor.

565 El femenino de «músico» es «música». *Mi hermana es música en la Orquesta Nacional.*

566 Es «de repente», no «derrepente».
Es «así que», no «asique».

567 Aunque la grafía etimológica es «obscuro», también es correcto el uso de «oscuro».
Ambas son válidas y aprobadas por la RAE.

568 Los errores ortográficos no se niegan; se asumen y se corrigen.

569 El plural de «álbum» es «álbumes».
El plural de «currículum» es «currículums».

570 Se usa «de» cuando se expresa conjetura.
La sal debe de estar ahí.
Se omite la preposición si se expresa obligación.
Debes estudiar.

571 La conjunción disyuntiva «o» debe escribirse siempre sin tilde, incluso cuando va entre cifras.
¿Té o café?
Dame unos 22 o 23 dulces.

572 El mayor problema del ignorante es ignorar su propia ignorancia.

573 Todos seríamos felices si algunos no «ExcRiVieRam flzZi»: eso sí es contaminación visual.

574 Palabras cultas:
«Melifluo»: dulce y delicado en la manera de hablar.
Una persona meliflua y que escriba bien, enamora.

575 Recuerda esto: «queso», «quiso» y «guiso» se escriben con «s», no con «z».

576 La palabra «juzgar» proviene del latín *iudicare*, que significa «dictar un veredicto».
Antes de juzgar es mejor usar un espejo y no una lupa.

577 Las personas de éxito tienen grandes bibliotecas; el resto, grandes televisores.

578 Importante: las palabras graves siempre se acentúan en la penúltima sílaba y no se escribe la tilde cuando terminan en «n», «s» o vocal.

579 «Modista», como todas las palabras terminadas en «-ista», se usa para ambos géneros, pero ya está de moda y aceptada la palabra "modisto".

580 No confundir:
«Bufete»: es el despacho de un abogado.
«Bufé»: lo relacionado con los alimentos.

581 Es «prever», «no preveer».
Yo preveo, tú prevés, él prevé.
«Proveer» sí se conjuga con doble «e».
Tú provees, él provee.

582 Una investigación estadounidense determinó que los usuarios de Twitter son más cultos que los de Facebook.

583 La lectura perjudica seriamente a la ignorancia.

584 «Si»: es condicional.
«Sí»: adverbio de afirmación.
No sé si irá, no está seguro de sí mismo, pero sí quiere ir.

585 Escribir en mayúsculas no es recomendable, es como si gritaras, y además, estéticamente no está bien.

586 La mayor epidemia del siglo XXI es la mala ortografía; los efectos ya se están viendo.

587 Aunque «autodidacta» se usa para referirse a un hombre o a una mujer, también existe el masculino «autodidacto».

588 No confundir:
«Interrogar»: preguntar para aclarar un hecho.
«Cuestionar»: poner en duda lo afirmado por alguien.

589 Cuando los romanos juraban decir la verdad se apretaban los testículos con la mano derecha. De esta costumbre viene la palabra «testificar».

590 Importante: el término latín *quorum* debe escribirse en español «cuórum».

591 Hay que leer y pensar antes de hablar y escribir.

592 Las palabras llanas terminadas en más de una consonante se escriben con tilde. *Bíceps, fórceps, cíborg, módems.*

593 La grafía mayoritaria es «cebiche», pero también son válidas y aprobadas por la RAE «ceviche», «sebiche» y «seviche».

594 Recuerda: el fonema /rr/ entre vocales siempre se representa con «rr». *Vicerrector, infrarrojos, antirrobo.*

595 Madurar es propio de frutas; aprender, propio de personas.

596 Importante: la palabra «guion» debe escribirse sin tilde por ser monosílaba a efectos de acentuación.

597 *Ad infinitum* significa «hasta el infinito, indefinidamente o sin límite».

598 Lo correcto es «con la mayor brevedad». Nunca digas «a la mayor brevedad».

599 Si hemos nacido con dos ojos, dos orejas y una sola lengua, es porque se debe escuchar y mirar dos veces antes de hablar.

600 Se escribe «súper» cuando es sustantivo, adjetivo o adverbio. *Compro en el súper; Lo pasé súper en la fiesta.*

601 Cuando «super-» es prefijo se escribe sin tilde. *Super-8, superaburrido, super en forma.*

602 El género masculino abarca también al femenino: en la frase «los estudiantes marcharon» se refiere claramente a las y los estudiantes.

603 Qué bonito es leer un mensaje bien escrito.

604 «Tú» es tónico y lleva tilde si es pronombre personal. *Tú ganas.* No la lleva si es posesivo átono. *Tu casa me gusta.*

605 El saber no ocupa lugar.

606 Palabras cultas: «Zalamero»: que da muestras de cariño empalagoso. *Las personas zalameras, a veces, nos cansan.*

607 No mires la cantidad de páginas que vas a leer, mejor valora la cantidad de información que vas a recibir. ¡Hay que leer!

608 No confundir: «Varón»: persona de sexo masculino. «Barón»: título nobiliario.

609 El plural de «gay» es «gais». El de «tuit» es «tuits». El de «hábitat» es «hábitats».

610 La cultura ayuda a un pueblo a luchar con las palabras antes que con las armas.

611 Importante: después del saludo en cartas y correos electrónicos, en español no debe escribirse coma, sino dos puntos.

612 Recuerda esto: «adolecer» no significa «carecer de algo», sino «padecer algún defecto».

613 La ortografía es un acto de solidaridad con los ojos de los demás.

614 «Quisquilla» es una palabra poco usada que significa dificultad menuda, pequeñez. De ahí la palabra «quisquilloso», de mayor uso.

615 La doble negación es válida y aceptada por la RAE. *No vino nadie.*

616 El que busca encuentra y el que pregunta aprende.

617 En español es «garaje», adaptación gráfica del francés *garage*.

618 Alguien que soporta mucho dolor, ¿está «dolorido» o «adolorido»? Ambas son válidas y aprobadas por la RAE.

619 Las personas inteligentes aprenden de sus propios errores, las personas sabias aprenden de los errores de las demás.

620 Si no se mueve, es «apático»; si no se puede mover. es «indolente»; si no quiere moverse, es «indiferente»; si lo juzga innecesario, es «escéptico».

621 La arroba (@) es un símbolo, no una letra. No debe usarse para tratar de diferenciar «los / las», eso es un error ortográfico.

622 Importante: «virus» es invariable en plural por ser voz llana terminada en «-s». Di siempre «el virus» o «los virus».

623 El insulto es la salida de emergencia para el imbécil ante la falta de argumentos.

624 Importante: como femenino de «cliente» son válidos y aprobados por la RAE «la cliente» y «la clienta».

625 Para designar a la persona inclinada a pensar mal, se usa en español el término «malpensado», no escribas «mal pensado».

626 Y así terminó la historia, sin la palabra «fin», solamente con tres puntos suspensivos: los de la rabia, la paciencia y la indiferencia.

627 Las personas que leen viven menos... menos engañadas, menos explotadas y menos conformes.

628 Leer sin reflexionar es igual que comer sin digerir.

629 Importante: la palabra «testigo» es invariable en cuanto al género: *el/la testigo*. No es válido decir la «testiga», esa palabra no existe.

630 Aprender requiere de tiempo y sacrificios, pero vale la pena hacerlo.

631 Recuerda esto: como femenino de «líder» son válidos y aprobados por la RAE «la líder» y «la lideresa».

632 Un libro que te atrapa difícilmente te suelta.

633 Palabras cultas: «Probidad»: honradez, rectitud de ánimo, integridad en el obrar. *Son muy pocos los políticos que actúan con probidad.*

634 Es mejor ser rey de tu silencio que esclavo de tus palabras.

635 La palabra «soldado» (persona que sirve en un ejército) es invariable en cuanto al género: *el/la soldado*. Nunca digas «la soldada» para referirte a este concepto.

636 «Drácula» viene del latín *draco*, que significa «hijo del dragón».

637 La lectura es un arma poderosa contra el mal, el dolor y la ignorancia.

638 Si algo te gustó pero no mucho, no digas «maso». Dilo correctamente: «Más o menos».

639 «Cómo» se usa para preguntas y exclamaciones, directas e indirectas. «Como» suele usarse para comparar. También es una forma del verbo «comer».

640 La clave para escribir bien es leer, leer y leer.

641 «Abajo»: escrito junto, denota lugar o dirección. *Lo vieron abajo.* «A bajo» preposición más adjetivo que equivale a poco. *Lo compró a bajo costo.*

642 Hay silencios que dicen más que las palabras.

643 Es «quiso», no «quizo». Es «coger», no «cojer». Es «encima», no «ensima». Es «excita», no «exita».

644 «Demás», escrito junto, se emplea para referirse a los otros o las otras. *¿Dónde están los demás?* «De más», escrito separado, denota cantidad. *Me has dado de más.*

645 A veces se gana, a veces se pierde, pero siempre se aprende.

646 Palabras cultas: «Vacuo»: vacío, falto de contenido. *El libro es por completo vacuo.*

647 Yo amo, tú amas, él ama, nosotros amamos, vosotros amáis, ellos aman. Ojalá no fuese conjugación, sino realidad.

648 Cuanto más culto seas, más difícil será que te quiten tus derechos. Hay que leer no solamente para ser más cultos, sino para ser más felices.

649 Dato curioso: las mujeres pronuncian una media de 20.000 palabras al día; los hombres, 7.000.

650 Recuerda esto: «Evolución», «revolución» y «solución» se escriben con «c». «Regresión», «pasión» y «fusión» se escriben con «s».

651 «Ningunear» es no hacer caso de alguien, no tomarlo en consideración o menospreciarlo.

652 El mundo necesita ejemplos, no opiniones.

653 «Hecho»: forma del verbo «hacer» o sustantivo que significa «acontecimiento». *Yo lo he hecho; El hecho ocurrido.* «Echo»: forma del verbo «echar». *Lo echo de menos.*

654 Se escriben con «y» los tiempos de los verbos que en el infinitivo no llevan ni «ll» ni «y». *Oír > oyeron, oyendo.*

655 El género masculino abarca también al femenino: en la frase «los estudiantes marcharon», se refiere claramente a ambos grupos.

656 Se escriben con «j» los tiempos de los verbos cuyo infinitivo se escribe sin «g» ni «j». *Decir > dijimos, dijeron.*

657 No digas todo lo que piensas, no creas todo lo que oyes, no hagas lo que no te gusta y no escribas con errores ortográficos.

658 «Haber» se usa como verbo auxiliar o para mostrar presencia o existencia. *Haber comido; Puede haber gente.*

659 «Ralentizar» es sinónimo de «lentificar»: imprimir lentitud a alguna operación o proceso, disminuir su velocidad.

660 La palabra «desafortunadamente» no existe, lo correcto es decir «infortunadamente».

661 De poco sirve vestir con elegancia, lucir buen físico y oler bien, si descuidamos algo importante: escribir y hablar correctamente.

662 Monosílabos con dos o más acepciones que sí llevan tilde: «sí», «mí», «tú», «dé», «sé», «aún», «más», «él» y «té».

663 «Si» no va con tilde cuando se trata de una conjunción condicional, en los demás casos sí lleva tilde. *Si me besas, me enamoro; Sí, te quiero.*

664 «Sé» va con tilde cuando refiere a los verbos «saber» y «ser». *Sé conducir; Sé bueno.* Se escribe sin tilde cuando es un pronombre. *Se lo dije a él.*

665 Hay grandes libros en el mundo y grandes mundos en los libros.

666 «Dé» (con tilde) es una forma del verbo «dar»: *Que me dé lo que me debe.* En los demás casos no lleva tilde: *Es de él.*

667 El peor enemigo de un gobierno corrupto es un pueblo culto.

668 «Mí» va con tilde cuando refiere a la persona que escribe (yo). *Habló de mí.* «Mi» va sin tilde cuando refiere a algo mío. *Mi casa.*

669 La lectura aleja de nosotros tres grandes males: el aburrimiento, el vicio y la ignorancia.

670 «Mas» se escribe sin tilde cuando significa «pero»; en los demás casos debe escribirse «más». *Quiero amarte, mas tú no me quieres más.*

671 «Tú» se escribe con tilde cuando se refiere a la otra persona. *Tú y yo.* «Tu» señala algo que es «tuyo». *Tu casa; Tu forma de amar.*

672 Los heterónimos son palabras en las que el femenino y el masculino se establecen con palabras diferentes: *toro / vaca, yerno / nuera, caballo / yegua.*

673 No confundir «cocer», que significa «cocinar», con «coser», que significa «unir con un hilo».

674 «Ok» no es «gracias», «fue sin querer» o «perdona», y «yo también» no es «te quiero». ¡Escribe y habla bien!

675 «Él» va con tilde cuando nos referimos a un tercero, en los demás casos no lleva tilde. *Es de él; Veo el cielo.*

676 Es triste vivir en un mundo donde la apariencia vale más que la personalidad.

677 «Té» va con tilde cuando nos referimos a la bebida, en los demás casos «te» va sin tilde. *Tomar un té; Te lo dije.*

678 Palabras cultas: «Execrable»: digno de ser reprobado severamente. *La mayoría de los políticos son execrables.*

679 Todos somos sabios y todos somos ignorantes; preguntemos siempre todo lo que no sabemos, esa es la mejor manera de aprender.

680 Leer no da sueño, leer nos da sueños.

681 Importante: en español debe escribirse «sexi» (plural «sexis»), adaptación gráfica del inglés *sexy.*

682 La grafía correcta es «cónyuge», que debe pronunciarse [kónyuje]. Nunca digas «cónyugue».

683 «Amor» y «amistad» son dos palabras con un gran significado que pocos conocen, valoran y disfrutan.

684 Importante: en español debe usarse la forma «baipás», adaptación gráfica del inglés *by-pass.*

685 Importante: el término correcto para referirse al asesinato de mujeres es «feminicidio». Nunca digas «femicidio».

686 El problema de las mentes cerradas es que siempre tienen la boca abierta.

687 En el encabezado de una carta o documento, se escribe «,» después de la ciudad. *Quito, 16 de abril de 2015.*

688 Palabras cultas: «Taciturno»: callado, silencioso. *El chico se mostraba taciturno en el salón.*

689 «Comprensivo» es quien tiene capacidad de comprender, y «comprensible», lo que puede ser comprendido. ¡No los confundáis!

690 «Ha»: forma del verbo «haber». *Ha ido lejos.* «Ah»: interjección. *Ah, sí, lo vi.* «A»: preposición. *Vi a tu novia.*

691 La expresión: «si mal no recuerdo» es un hipérbaton. Diga: «si no recuerdo mal».

692 Nadie es perfecto, todos cometemos errores; lo importante es corregirlos.

693 Se escriben con «v» las palabras que empiezan por «eva-», «evi-», «evo-». Las excepciones: «ébano», «ebanista», «ebonita» y otras de poco uso.

694 Importante: llevan tilde todas las palabras esdrújulas y sobresdrújulas. *Científico, lámpara, antipático.*

695 Hay que escribir bien, no por dártelas de intelectual, sino por respeto a quien te lee y a ti mismo.

696 Los adjetivos gentilicios son aquellos que denotan la procedencia geográfica de las personas o su nacionalidad.

697 Palabras cultas: «Dédalo»: cosa confusa y enredada.
Los discursos de algunos políticos son un auténtico dédalo.

698 No confundas «nomás», que significa «apenas», con «no más», que significa «solamente». *Nomás te vi, te amé; Trajo eso no más.*

699 Me pregunto qué hacen con el tiempo que se ahorran las personas que escriben «q» en lugar de «que».

700 Palabras cultas: «Melomanía»: fascinación excesiva por la música.

701 ¿«Antier» o «anteayer»? Ambas son válidas y aprobadas por la RAE para hacer referencia al día anterior.

702 Que nunca nos cansemos de aprender.

703 ¿Se dice «buen día» o «buenos días»? Las dos formas son válidas y aprobadas por la RAE.

704 No ridiculice públicamente a quien comete una falta ortográfica; peor que escribir mal es posar de sabio y humillar al que se equivoca.

705 Los verdaderos analfabetos son los que aprendieron a leer y no leen.

706 Palabras cultas: «Dipsomanía»: abuso de bebidas alcohólicas.

707 Escribir y hablar bien no te hace mejor persona, pero sí más interesante.

708 Las palabras terminadas en «mente» conservan la tilde (si tienen) de la palabra base.
Común > comúnmente.
Fácil > fácilmente.

709 Cuando se repite una letra que lleva tilde, hay que tildarlas todas. *¡Bueniiisimo!; Cuidado con el camióóón.*

710 Dime lo que lees y te diré quién eres.

711 El término «kamasutra» proviene del sánscrito, idioma sagrado de los brahmanes.
Kama = «amor» y *sutra* = «aforismo». Significa, por tanto, «reglas del amor».

712 La verdadera ignorancia no es la ausencia de conocimientos, sino el hecho de negarse a adquirirlos.

713 Un error frecuente: lo correcto es «la mayor parte del dinero».
Nunca digas «la mayoría del dinero».

714 ¡Ay! Cómo me molesta la gente que escribe mal. Hay que darles una lección de ortografía y ahí se darán cuenta de que escribir bien enamora.

715 Los libros son el escondite favorito.

716 Se dice: «es la una». Nunca diga «son la una».
Si la hora es plural responda: «son las dos».

717 La «y» pasa a ser «e» ante palabras que comienzan con el sonido [i]. *Diego e Iván; Teléfono e e-mail.*

718 Por la ignorancia nos han dominado más que por la fuerza.

719 El miedo irracional hacia el número 13 se llama «triscaidecafobia».

720 La «y» no pasa a «e» cuando al sonido [i] le sigue una vocal con la que forma diptongo. *Madera y hierro; Agua y hielo.*

721 Escribir bien es tan bonito que enamora.

722 Tanto el verbo «foliar» como el sustantivo «folio» se pronuncian con «i». No digas «folear», no existe.

723 «Yo amo» es tiempo presente, «yo amé» es tiempo pasado, «yo amaré» es tiempo futuro, y amar sin ser amado es tiempo perdido.

724 La palabra «afiche» proviene del latín *affictum,* que significa «fijado o pegado». Nunca digas: «Pegar el afiche».

725 «Hayan»: forma del verbo «haber». *Espero hayan entendido.* «Hallan»: forma del verbo «hallar». *Hallan un niño en el parque.*

726 Abreviaturas: Hon., Honduras; lat., latín; Méx., México; neer., neerlandés; Nic., Nicaragua; P. Rico., Puerto Rico; Pan., Panamá; Par., Paraguay.

727 No es necesario decir todo lo que se piensa, lo que sí es necesario es pensar todo lo que se dice.

728 «Desecho»: es de residuo, desperdicio, o forma del verbo «desechar». «Deshecho»: destrozado, desarmado, vencido, o forma del verbo «deshacer».

729 Palabras cultas: «Facineroso»: hombre malvado, de perversa condición. *El facineroso robó al pueblo.*

730 Pon el cerebro en funcionamiento antes de poner la lengua y la mano en movimiento.

731 Palabras cultas:
«Mandrias»: apocado, inútil, holgazán, vago.
Lee y aprende para que nunca te digan «mandrias».

732 Entre un «hola, ¿qué haces?» y un «ola k ase» hay un cerebro de diferencia.

733 El adverbio «más» lleva tilde. *Es más feo que tú.* La conjunción adversativa «mas» [= pero] no la lleva. *Te llamé, mas no acudiste.*

734 Que algo no funcione como tú esperabas no quiere decir que sea inútil.

735 «Cogitabundo» es alguien que reflexiona o está muy pensativo. Es como el latín *Cogito, ergo sum,* que significa «Pienso, luego existo».

736 Palabras en latín:
Ipso facto: por el hecho mismo, inmediatamente, en el acto.

737 Solamente la buena lectura te guiará hacia el camino de la buena escritura.

738 Loable: que merece decirse de algo o de alguna persona algo favorable y positivo. Digno de alabanza. *Él hizo un trabajo loable por los niños.*

739 Para poner los signos de apertura (¡¿) en el iPhone, dejar oprimido el signo de cerrar.
En BlackBerry, presionar la letra «y» junto con «v» y «b».
¡Sin excusas!

740 Los libros abren la mente y alejan la ignorancia.

741 Es «taxi», no «tasi».
Es «Pepsi», no «Pesi».
Es «pizza», no «picza».

742 El peor error ortográfico que existe es que nunca ponemos punto final a aquello que nos hace daño.

743 La doble negación no anula lo negativo, lo refuerza. *No somos nadie.*

744 Si se niega luego del verbo, debe negarse también antes de él.

745 La 2.ª persona del singular del pretérito perfecto simple del verbo «venir» es «viniste». Nunca digas «veniste», esa palabra no existe.

746 Leo, observo, me decepciono, sonrío y continúo.

747 «Reciente» (recién) se escribe con «c». «Resiente» (resentir), con «s». «Rebelar» (sublevar), con «b». «Revelar» (mostrar) con «v».

748 Palabras cultas: «Entelequia»: cosa irreal. *Un mensaje mal escrito es una entelequia.*

749 Después de «;» (punto y coma) y «:» (dos puntos) se continúa en minúscula.

750 Si alguien te dice «Te KieRo Muxxo», no te quiere.

751 La palabra «helado» proviene del latín *gelidus,* que significa «hielo».

752 Se estima que el cerebro humano tiene 100.000 millones de neuronas. ¿Por qué no usar algunas para hablar y escribir bien?

753 Hay dos verbos que tienen doble participio (y por lo tanto ambas formas son correctas): «impreso» / «imprimido», y «freído» / «frito».

754 A veces es mejor tener la boca cerrada y parecer estúpido que abrirla y disipar la duda.

755 Palabras cultas: «Nesciente»: ignorante. *Para dejar de ser nesciente, solo necesitas leer más.*

756 Persona con mala ortografía y que no respete gustos y opiniones ajenas no merece estar en las redes sociales.

757 El hiato son dos vocales fuertes (*a-o-e*) que se separan en sílabas distintas. También hay hiato cuando se tilda la *i* (ríe) y la *u* (baúl).

758 El mejor maestro es el tiempo: sin necesidad de que hagas preguntas, te da las mejores respuestas.

759 Es «a veces», no «aveces». Es «o sea», no «osea». Es «digresión», no «disgresión».

760 Palabras cultas: «Zafio»: inculto o grosero en los modales o comportamiento. *En las redes sociales hay muchos zafios.*

761 Quien ignora la ortografía, también ignora que perderá respeto, credibilidad y admiración.

762 Escribir bien no solamente te hace más culto, sino más interesante.

763 El verbo «alebrar» significa «acobardarse».

764 La palabra «homosexual» proviene del griego *homós* = «igual» y del latín *sexus* = «sexo».

765 El dinero hace personas ricas, el conocimiento hace personas sabias, pero la humildad y la ortografía hacen grandes personas.

766 La palabra «amén», usada al final de oraciones, proviene del latín *amen,* que significa «verdaderamente». No significa «que así sea».

767 Error común: escribir «echar» con «h» y «harto» sin «h».

768 Nunca es tarde para aprender.

769 Puntos suspensivos: si continúa la frase, sigue minúscula; si no, no. Solamente son tres (...), si pones más significa ignorancia.

770 No es «a demás», es «además».

771 Se escriben con «j» las palabras terminadas en «-jería», sin excepción. Ej. Consejería, relojería, extranjería, brujería.

772 Leer te hace mejor persona y más interesante.

773 «Baso»: forma del verbo «basar». *Yo me baso en la experiencia.* «Vaso»: pieza cóncava para contener líquidos. *Bebí un vaso de agua.*

774 Palabras cultas: «Nefelibata»: dicho de una persona soñadora, que anda por las nubes.

775 Las mayúsculas se escriben con tilde. *Úrsula; África; océano Índico; MIÉRCOLES.* Antes no se ponían por una cuestión de imprenta.

776 Muchas veces las personas se fijan en todos los errores que cometes, pero nunca en todo lo que haces por ellas.

777 Importante: el plural de «eslogan» (sin tilde), adaptación del inglés *slogan*, es «eslóganes» (con tilde).

778 «Para qué te digo que no, si sí», decía la Chimoltrufia. Como ves, un «si» es condicional; no se tilda. Otro «sí» es afirmación; se tilda.

779 Si cuando escuchas la palabra «novela» piensas primero en televisión y no en un libro, le fallaste a la humanidad.

780 Las expresiones «Jueves Santo» y «Viernes Santo» se escriben con mayúsculas iniciales por ser nombres de festividades.

781 No se escribe apóstrofo para abreviar años. *Mundial 78* (no *Mundial '78*).

782 No se escribe apóstrofo para marcar plural de siglas. *Las ONG* (no *Las ONG's*).

783 Escribir mal, sumar con los dedos, no saberse bien las tablas, y seguir pasando de año. Así se deteriora la educación.

784 Todas las palabras terminadas en «-voro» se escriben con «v». Las que lleven «br» o «bl» se escriben con «b». *Carnívoro, brindo, blando*.

785 *Mi hermana está medio loca:* es «medio», no «media». «Medio» es un adverbio y, por lo tanto, no tiene género.

786 Se le llama «recalcitrante» a aquel que es terco, obstinado o que reincide en alguna conducta negativa o inconveniente.

787 «Violento» viene del latín *vis*, que significa «fuerza», y *lentus*, que significa «continuo»; es decir, «el que usa la fuerza continuamente». De ahí la palabra «violar».

788 El verbo «saber» equivale a la locución «tener sabor». Puede decirse «sé a sal» o «tengo sabor a sal».

789 Palabras cultas:
«Orate»: persona que ha perdido el juicio.
Hay muchos orates por culpa del amor.

790 «Raya»: línea o señal larga. *Traza una raya.*
«Ralla»: desmenuzar algo restregándolo con el rallador. *Ralla el queso.*

791 No confundir:
«Cocer»: de cocinar.
«Coser»: de remendar.
«Hierba»: planta medicinal.
«Hierva»: de hervir el agua.

792 La ortografía te da personalidad y te hace más interesante.

793 ¿Cómo se dice «el azúcar» o «la azúcar»?
Ambas formas son válidas, «azúcar» es un sustantivo de género ambiguo.

794 Palabras cultas:
«Crisanta»: mujer que domina a su marido.
En el mundo hay muchas crisantas, aunque no lo crean.

795 «Agorafobia»: temor a los espacios abiertos.
Del griego *ágora* (plaza) y *phobos* (miedo).

796 Preocúpate más por tu conciencia que por tu reputación; tu conciencia es lo que eres, tu reputación es lo que otros piensan que eres.

797 Se escriben con «s» los adjetivos que terminan en «-aso», «-eso», «-oso», «-uso».
Escaso, travieso, perezoso, difuso.

798 «Aún» lleva tilde cuando quieres decir «todavía».
Sin tilde significa «también» e «incluso».

799 ¿Sabías que la palabra «chale» es una interjección que expresa sorpresa o fastidio y a su vez significa «inmigrante chino»?

800 Niños que fuman y beben desde los 12, creen ganar madurez, la cual llega sola, y en realidad han perdido la infancia, la cual nunca vuelve.

801 No confundir «sobretodo», una prenda de vestir, con «sobre todo», un adverbio. *Me gusta leer, sobre todo de noche.*

802 «Así mismo» y «asimismo» se pueden usar indistintamente cuando funcionan como «además» o «también».

803 ¿Sabías que la palabra «álgido» originalmente significa «muy frío», pero también se refiere al punto culminante de un proceso?

804 Si una palabra empieza con «lla», «lle», «llo» o «llu», nunca va una «b», sino «v». *Llave, llevar, llovizna, lluvia.*

805 ¿Sabías que «procrastinar» significa «posponer indefinidamente una actividad»? *A muchos les gusta procrastinar varias cosas.*

806 Aunque en palabras como «obscuro» o «subscripción» el grupo «bs» está en vías de desaparecer, son válidas y aprobadas por la RAE tanto estas formas como las simplificadas.

807 El término «tirano» proviene del griego *tyrannos*, que significa «señor» o «amo». En la antigua Grecia este término indicaba poder, no abuso del mismo.

808 No cambié, solamente aprendí, y aprender no es cambiar, es crecer.

809 Diferencia «sino» / «si no»: *No dije que la quería, sino que la amaba. Te quiero, pero si no me quieres, lo entenderé.*

810 «Venimos»: presente. *Venimos a buscarte.* «Vinimos»: pasado. *Vinimos ayer y no estabas.*

811 El término «abdicar» proviene del latín *abdicare*, que significa «renunciar a un derecho o cargo adjudicado».

812 Ojalá pagaran por leer para que todos lo hicieran y así fueran más cultos y más felices.

813 No confundir «consejo», de «aconsejar», con «concejo», de «corporación pública». *Te doy un consejo: no seas candidato al concejo.*

814 Puntos suspensivos: si continúa la frase, sigue minúscula; si no, no. *¿Te dije que... te amo?; Me hiciste daño... Te echo de menos.*

815 Las disciplinas se escriben con minúscula. *El periodismo es una hermosa profesión.*

816 La forma de escribir y hablar dice mucho de una persona.

817 La palabra «universo» debe escribirse con minúscula inicial, sea cual sea su significado. *El universo se expande.*

818 Los nombres de los meses y de los días de la semana deben escribirse con minúscula. *La fiesta será el primer viernes de enero.*

819 La expresión «el presidente» admite los femeninos «la presidente» y «la presidenta».

820 Jamás algo que valga la pena será fácil.

821 «Cómo» es adverbio interrogativo o exclamativo. *¿Cómo es? ¡Cómo te quiero! Sé cómo está.*

822 Las («») son comillas, la RAE recomienda usar esas, pero estas (") también son válidas.

823 Tus notas no definen tu inteligencia. Tu edad no define tu madurez. Los rumores no definen quién eres, pero los errores ortográficos sí.

824 Leer y escribir correctamente debe ser un arte reservado a todo el mundo.

825 «Si no» implica condición. *Voy a comer algo; si no, me muero.*

826 Se recomienda sustituir la voz inglesa *online* por el equivalente español «en línea».

827 Contra la ignorancia no hay nada mejor que la lectura.

828 Los puntos cardinales se escriben con minúscula. *Rumbo al norte; Vamos hacia el sur.*

829 Para sustituir el inglés *trending topic* se recomienda usar en español la expresión «tema del momento».

830 Cuando dos sustantivos forman una unidad significativa, solamente se marca el plural al primero. *Mujeres policía.*

831 En el amor, como en la ortografía, hay que saber cuándo poner puntos suspensivos y cuándo punto final.

832 El término español recomendado para sustituir la voz inglesa *hashtag* es «etiqueta».

833 Importante: el verbo «prever» se conjuga como «ver» (y no como «proveer»): *prevé, prevés, previó.*

834 Nadie está exento de errores ortográficos, lo importante es aprender y corregirlos.

835 El verbo «andar» es irregular. En pretérito se dice «anduve», «anduviste» o «anduvimos».
Nunca digas «andé», «andaste» o «andamos».

836 Importante: el plural de «bluyín», adaptación gráfica al español del inglés *blue jean,* es «bluyines».

837 La terminación «-oso» denota abundancia, como es el caso de «chismoso», «celoso», «nervioso», «ocioso», «gracioso» y «odioso».

838 Sean del rango que sean, los cargos y dignidades se escriben con minúsculas. *El papa presentó su renuncia.*

839 No es «depronto», es «de pronto».
No es «enserio», es «en serio».
No es «sinembargo», es «sin embargo».

840 Los números que indican año deben escribirse sin punto. *1974, 2015.*
Nunca escribas «1.974» ni «2.015».

841 Los que escriben «sip», «nop», «yap» y otras palabras similares, ¿tendrán hipo o algún problema neuronal?

842 La nueva *Ortografía* académica, de 2010, determina que debe dejarse un espacio entre la cifra y el signo %.
100 %
25 %

843 ¿Después de un signo de admiración se puede poner una coma?
Sí; también punto y coma, pero no punto, pues el signo lo incluye.

844 No digas: «Mas sin embargo», «Cállate la boca», «Más mayor».
Son redundancias.

845 Algunos errores son simplemente faltas de atención, el mejor consejo es releerlo todo antes de enviarlo, tuitearlo o imprimirlo.

846 La responsabilidad de la ortografía debe recaer sobre todos, no solamente en el profesor de español.

847 Para hablar y escribir bien se necesita saber escuchar y leer.

848 Palabras cultas: «Plañir»: gemir y llorar, sollozando o clamando. *Ella no deja de plañir por él.*

849 Si escribes palabras con prefijos, recuerda que se escriben unidos sin necesidad de agregar guion como en «minientrevista».

850 La expresión «a como dé lugar» se usa como sinónimo de «cueste lo que cueste», «del modo que sea». *A como dé lugar, te recuperaré.*

851 En español debe escribirse «penalti», y su plural es «penaltis».

852 «Calor» es una palabra de género masculino, así que si el clima arde, di «mucho calor». Nunca digas «mucha calor», «la calor».

853 Si la palabra base no se escribe con tilde, tampoco el adverbio. *Veloz > velozmente. Correcto > correctamente.*

854 «Haber»: es un verbo. «A ver»: es la preposición «a» + el verbo «ver». *A ver qué pasa por haber actuado mal.*

855 Lo único que sé es que para aprender necesito equivocarme.

856 «Basto», escrito con «b»: «tosco», «vulgar», «grosero». «Vasto», escrito con «v»: «extenso», «amplio». «Bastó», escrito con «b»: forma del verbo «bastar».

857 Desde 2010, la letra «o» se escribe sin tilde cuando se encuentra entre cifras. *La playa está a 20 o 30 metros de la casa.*

858 «Haber», en impersonal, no tiene plural.
Lo correcto es *Habrá muchas personas en la fiesta*. Nunca digas ni escribas *Habrán muchas personas en la fiesta*.

859 Las redes sociales deberían tener una aplicación que impidiera escribir textos con faltas de ortografía.

860 Palabras cultas:
«Parlero»: persona que habla mucho.
Los parleros son los que menos cumplen.

861 Evita escribir «xfa», «x», «xq», «pq», «ai», «ps», «xfis». No son abreviaturas ni lenguaje culto.

862 Quien lee vive mil vidas antes de morir, el que no lee, solamente vive una.

863 Cuando el prefijo «sub-» se une a una palabra que empieza con «b», ambas letras deben conservarse, como en «subbloque».

864 *Me di cuenta que te fuiste* (incorrecto).
Me di cuenta de que te fuiste (correcto).
1. ¿De qué me di cuenta?
2. Darse cuenta de algo.

865 ¿Sabías que la palabra «edecán» proviene del francés *aide de camp*, que significa «ayudante de campo»?

866 Madurar es cuidar lo que dices, respetar lo que escuchas y meditar lo que callas.

867 ¿Te han dicho que eres «candoroso»?
Entonces puedes sonreír, porque significa que eres sencillo y sincero.

868 «Ojear», entre otras cosas, es «mirar superficialmente un texto».
«Hojear» es pasar ligeramente las hojas de un libro o una revista.

869 No confundas «abrazar» con «abrasar»: «Abrazar» significa «dar un abrazo». «Abrasar» significa «quemar». *No te vayas a abrasar con la lumbre.*

870 Cuando existen las ganas, todo es posible.

871 ¿«Yo soldo» o «yo sueldo»? Lo correcto es «yo sueldo».

872 ¿«Exprés» o «expreso»? Si es una olla, «exprés» (o de presión); si es un café o un tren, de preferencia «expreso»; si es un correo, ambos.

873 Lo bueno de ser sincero y decir las cosas en la cara es que disminuyen las sonrisas fingidas y los saludos hipócritas.

874 ¿Cómo se debe decir, «de nada» o «por nada»? Las dos formas son válidas y aceptadas por la RAE.

875 «Haber», en impersonal, no tiene plural: *Hubo heridos* (no *Hubieron heridos*); *Había muchos invitados* (no *Habían muchos invitados*).

876 Se escriben separadas las expresiones «ni siquiera», «sin embargo», «de pronto», «a través», «al revés», «o sea», «no sé».

877 Nada dice más de una persona que su manera de actuar, pensar, hablar y escribir.

878 «Arrollo» es «atropellar». *Él lo arrolló con su automóvil.* «Arroyo» es «corriente de agua». *Por el arroyo corre agua limpia.*

879 Puedes decir «buen día» o «buenos días», «buena tarde» o «buenas tardes», «buena noche» o «buenas noches». ¡Lo importante es decirlo!

880 Nunca discutas con un idiota, te hará descender a su nivel y allí te ganará por experiencia.

881 ¿«Carnet» o «carné»? En español lo correcto es «carné».

882 La expresión «al día de hoy» es incorrecta, debe reemplazarse por «hoy por hoy», «hasta hoy», «en el día de hoy» o, simplemente, «hoy».

883 «Abría»: forma del verbo «abrir». *Ella abría la puerta.* «Habría»: forma del verbo «haber». *Él habría venido.*

884 El que quiere aprender conseguirá un medio; el que no, una excusa.

885 Cuando te refieras «a cielo descubierto», lo correcto es «intemperie»; nunca digas «interperie».

886 No es «intérvalo», es «intervalo». No es «líbido», es «libido». No es «tualla», es «toalla». No es «veniste», es «viniste».

887 Lo correcto es «dio la casualidad de que». Nunca digas «dio la casualidad que».

888 La mala ortografía es un enemigo silencioso; la gente te lee, mira el error, piensa mal de ti, pero no te dice nada.

889 ¿Sabías que la palabra «ocasión» proviene del latín *occasio*, que significa «oportunidad»?

890 «Hechar» no existe. En el verbo «echar» lo primero que se echa es la hache.

891 Puedes escribir el mejor mensaje, pero si carece de ortografía, pierde credibilidad y respeto.

892 La voz «don» se escribe con minúscula. *Ha venido don Diego a verte.*
Su abreviatura «D.», con mayúscula. *D. Pedro García, director.*

893 ¿Sabías que la palabra «reverencia» proviene del latín *reverentia*, que significa «temor respetuoso»?

894 Ser educado no cuesta nada y vale mucho: da siempre las gracias.

895 No confundir «bello» con «vello»:
«Bello»: *Él declamó un bello poema.*
«Vello»: *Él tiene mucho vello en los brazos.*

896 No es «sin ti», es «contigo».

897 ¿Sabías que la palabra «sacrificio» proviene del latín *sacro* + *facere*, que significa «hacer sagradas las cosas»?

898 «Conocido» no es «amigo», «atracción» no es «amor», «sonrisa» no significa «felicidad».

899 Palabras cultas: «Detentar»: ejercer ilegítimamente un poder o cargo público. *El presidente quiere detentar por más tiempo.*

900 No confundas «vos» con «voz»:
«Voz»: sonido que se produce al hablar.
«Vos»: pronombre de 2.ª persona del singular. *Vos fuiste el culpable.*

901 Muchas personas se creen superiores y no saben ni escribir bien.

902 «Misógino»: alguien que odia a las mujeres o tiene aversión hacia ellas. La palabra existe, pero el odio a las mujeres no debería existir.

903 «Herror» con hache es un horror. Se escribe «error». La hache es muda, no invisible.

904 ¿Sabías que el término «avatar» proviene del sánscrito *avatara*, que significa «descenso o encarnación de un Dios»?

905 En las redes sociales nada habla mejor de una persona que su manera de pensar y su ortografía.

906 No digas «ves a comer». «Ves» no es una forma del verbo «ir»; lo indicado es «ve». *Ve a dormir; ve al colegio; ve al cine; ve a comer.*

907 ¿Sabías que la palabra «matrona» proviene del latín *matrona*, que significa «mujer legalmente casada y con hijos»?

908 Si te gusta la ortografía es porque sabes poner las cosas en su lugar y eso significa que se puede confiar en ti.

909 Importante: la adaptación gráfica al español del anglicismo *standard* es «estándar», y su plural es «estándares».

910 No digas *tips*, ya que es un anglicismo innecesario. Di mejor: consejos, claves, datos, recomendaciones.

911 ¿«7 de diciembre de 2015» o «7 de diciembre del 2015»? Hoy es más frecuente usar «de» que «del» antes del año, pero ambas opciones son válidas.

912 Vivimos en un mundo donde la forma de vestir se valora más que la de pensar, hablar y escribir.

913 ¡Una letra hace la diferencia! «Tasa» significa precio fijado oficialmente, y «taza» es un recipiente con asa para tomar líquidos.

914 Debe escribirse «microrrelato», pues el fonema vibrante múltiple /rr/ siempre se representa con «rr» cuando va entre vocales.

915 Las palabras significativas de los nombres de celebraciones se escriben con mayúscula. *Día Internacional de la Mujer.*

916 Seis formas de parar el mundo: un beso, un abrazo, una caricia, una mirada, una sonrisa y un mensaje de amor bien escrito.

917 El anglicismo de origen latino *status* debe escribirse en español «estatus». *Su estatus socioeconómico ha mejorado.*

918 Como equivalente del inglés *to go viral* puede usarse en español la expresión «hacerse viral».

919 Mejorar nuestra ortografía siempre será una buena inversión de tiempo.

920 No debe confundirse: «inequidad», que significa «desigualdad o falta de equidad», con «iniquidad», que quiere decir «maldad o injusticia».

921 Ten cuidado con esas personas que escriben bien y con ortografía: pueden llegar a enamorarte sin siquiera tocarte.

922 «Desecho»: forma del verbo «desechar».
«Deshecho»: participio del verbo «deshacer».
«Cocer»: sinónimo de «cocinar».
«Coser»: lo que se hace con hilo y aguja.
«Hierba»: un tipo de planta.
«Hierva»: forma del verbo «hervir».

923 Sin comas y puntos no se entiende lo que se escribe; los mensajes no solamente exigen ortografía, sino creatividad para resumirlo todo en poco espacio.

924 Es «queso rallado», de «rallar» (desmenuzar con un rallador). «Rayar» es hacer rayas. *Camisa a rayas.*

925 No hay que confundir «reciente», que significa «recién», con «resiente», forma del verbo «resentir».
No hay que confundir «rebelar», que significa «sublevar», con «revelar», que quiere decir «mostrar».
No hay que confundir «calló», forma del verbo «callar», con «cayó», forma del verbo «caer».

926 Para el femenino «licenciada», son válidas las abreviaturas «Lic.», «Lcda.» y «Lda.».

927 Cuatro cosas que nos impiden avanzar: ignorancia, orgullo, pena y miedo.

928 En la lengua general culta lo correcto es «¿Qué hora es?». Menos recomendable, pero admisible: «¿Qué horas son?».

929 Palabras cultas: «Debacle»: desastre, catástrofe o ruina. *La debacle de Voldemort llegó cuando Harry Potter lo venció.*

930 ¿La palabra «solo» lleva tilde? Según la RAE, ya no debe tildarse en ningún caso.

931 La RAE señala que en inglés es *shampoo*. Lo correcto en español es «champú», plural «champús».

932 Son válidas las formas «fútbol» y «futbol» (del inglés *football*: balompié).

933 El signo de cierre de interrogación escrito entre paréntesis expresa ironía o duda: (?). El signo de cierre de exclamación, sorpresa: (!).

934 Lo correcto es «dar abasto». *No dimos abasto con tantos pedidos.* Nunca digas «dar a basto», «dimos a basto».

935 Recuerda que es «encima» (adverbio) o «enzima» (proteína). «Ensima» no existe.

936 Cuidado al escribir «ingerir» o «injerir»: la primera significa «introducir por la boca comida o bebida»; la segunda, «entrometerse».

937 Los términos «presidenta», «clienta», «gobernanta», «jueza» y «música», entre otros femeninos, son gramaticalmente correctos y aprobados por la RAE.

938 Esa sensación de placer al ver que alguien que te cae mal tiene mala ortografía.

939 ¿El término «güevón» es válido? Así lo oímos generalmente, pero lo correcto es «huevón».

940 Entre «querer» y «ser» hay un «hacer» de distancia.

941 Los nombres y apellidos no siguen reglas ortográficas. Te puedes llamar «Bladimir» o «Vladimir».

942 Con el tiempo aprendí que escribir bien enamora, y escribir mal, decepciona.

943 Palabras cultas: «Lerdo»: torpe, tonto. *Él perdió a su mujer por lerdo.*

944 Palabras de género femenino que comienzan con «a» tónica y deben ir precedidas por el artículo «el»: «agua», «arma», «alma», «hambre», «área».

945 Hay personas que dicen que leen, pero su ortografía dice lo contrario.

946 Se escriben con «h» las palabras que comienzan con los diptongos «ia-», «ie-», «ue-» y «ui-». *Huevo, hiena, huir, hiato.*

947 Palabras cultas: «Estafermo»: persona que está parada y como embobada y sin acción. *Él se quedó estafermo cuando la vio.*

948 Quien olvida algo rápido es porque nunca le importó.

949 Importante: las palabras esdrújulas tienen el acento de intensidad en la antepenúltima sílaba. *Caótico, lágrimas, cárceles.*

950 La época de la esclavitud se acabó. No cuesta nada y vale mucho decir «por favor» y «gracias».

951 Lo correcto es «de repente», no «derrepente». Se escribe separado.

952 Si vas a escribir en las redes sociales con faltas de ortografía y ofensas, mejor cierra tus cuentas. El respeto ante todo.

953 Son abreviaturas válidas para la palabra «licenciado» las formas «Lic.», «Lcdo.» y «Ldo.».

954 «Ha» es de «haber». *Ha llegado tarde.* «Ah» es una interjección. *Ah, no sabía.* «A» es la primera letra del abecedario y una preposición.

955 Palabras cultas: «Obsoleto»: anticuado o caído en desuso. *Ese teléfono está obsoleto.*

956 Querer decir tanto y saber que es mejor no decir nada.

957 Es imposible que «te leas un libro», lo indicado es que «leas un libro». Nunca digas «me lo leí», di «lo leí».

958 «Satisfacer» se conjuga como «hacer». *yo hago / yo satisfago yo hice / yo satisfice que haga / que satisfaga he hecho / he satisfecho.*

959 «Cayó» es del verbo «caer». *Me cayó mal.* «Calló» es del verbo «callar». *Calló la voz.*

960 Los rumores son llevados por hipócritas, difundidos por tontos y aceptados por idiotas.

961 Palabras cultas:
«Imprecar»: proferir palabras con que se expresa el vivo deseo de que alguien sufra un mal o daño.

962 Algunas palabras pentavocálicas (tienen las cinco vocales):
Euforia
Murciélago (murciégalo)
Mozambique
Invernáculo
Inocultable

963 Se usa indebidamente «carioca» como gentilicio de todos los nacidos en Brasil; el término solo alude a los naturales de Río de Janeiro.

964 Ella era un libro difícil de leer, a él le encantaba lo difícil.

965 Los nombres de selecciones tomados del color de las camisetas se escriben sin comillas. *Hoy la Canarinha se enfrenta con la Tricolor.*

966 El verbo «aperturar» no existe, el sustantivo «apertura» sí.
Lo correcto es utilizar el verbo «abrir».
Luis abrió una cuenta.

967 Recuerda: las palabras en mayúscula, SIN EXCEPCIÓN, deben llevar tilde cuando las normas ortográficas lo exigen.

968 Para alcanzar el éxito se requieren cuatro cosas: voluntad, valor, decisión y ortografía.

969 «Sí» con tilde para afirmar.
«Si» sin tilde en oraciones condicionales.
¿Trajiste el auto? Sí, claro, si quieres te llevo.

970 ¿Es «remedar» o «arremedar»?
Ambas son válidas y aprobadas por la RAE.

971 Es triste poner punto final a capítulos de nuestra vida, pero si no lo hacemos, no podremos escribir nuevas y mejores historias.

972 «Ortografía»: conjunto de normas que regulan la escritura de una lengua.

973 No digas «yo negoceo», di «yo negocio».
Hay que tener en cuenta que no es «negocear», es «negociar».

974 Lo correcto es decir «buen apetito» antes de empezar la comida y «buen provecho» al finalizar.

975 ¿Sabías que «cardiorrespiratorio» es la grafía apropiada de este adjetivo?

976 ¿Cuál de los dos se debe usar, «secundario» o «segundario»? Ambos son válidos y aprobados por la RAE.

977 Para viajar lejos, no hay mejor nave que un libro.

978 Nunca digas «primer persona». La palabra «persona» es un nombre femenino; debe decirse «primera persona».

979 «Okupar» (con «k»): tomar una vivienda o un local deshabitados e instalarse en ellos sin el consentimiento de su propietario.

980 Reconocer un error ortográfico no es humillarse, es crecer como persona.

981 Se escriben con «c» los verbos terminados en «-cir» y «-ducir». *Conducir, traducir, producir.*

982 La palabra «Dios» se escribe con su primera letra en mayúscula solo si se usa como nombre propio del ser supremo.

983 ¿Cómo se dice: «con base en» o «en base a»? Lo correcto es «con base en»; en otros casos, «a base de». Nunca digas «en base a».

984 Nunca suena igual ni es lo mismo un «tkm» que un «te quiero mucho».

985 Son válidas y aprobadas por la RAE «desboronar» y «desmoronar»; pero las migajas son «boronas», no «moronas».

986 ¿Sabías que en informática: «biblioteca» es una colección o conjunto de programas desarrollados por un mismo fabricante?

987 Es válido el uso de «bien» como ponderativo; toma el sentido de «muy». *Bien lindo, bien grande, bien malo.*

988 Una persona cambia por dos razones: aprendió demasiado o sufrió lo suficiente.

989 ¿Cómo se dice: «fuerzan» o «forzan»? Lo correcto es «fuerzan», de «forzar».

990 La grafía recomendada en la última ortografía académica como adaptación del inglés *whisk(e)y* es «wiski».

991 Las cosas buenas se recuerdan, las malas se superan y los errores ortográficos se corrigen.

992 Como superlativo de «fuerte» son válidas y aprobadas por la RAE las formas «fortísimo» y «fuertísimo».

993 Palabras cultas: «Encomio»: alabanza, elogio. *Él recibió encomios por su valor y humildad.*

994 No olvides nunca decir «buenos días», «buenas tardes», «buenas noches», «por favor», «permiso» y «gracias».

995 Palabras cultas: «Égida»: protección, defensa. *Los países buscan la égida de los organismos internacionales.*

996 ¿Por qué hay gente que «ExcRiVe aZzi», si es más difícil y se ve horrible?

997 No confundas «embalsamiento», de embalsarse el agua, con «embalsamamiento», de embalsamar un cadáver.

998 Puede escribirse tanto «psicología» como «sicología», ambas son válidas y aprobadas por la RAE. No obstante, la primera es la forma mayoritaria.

999 El artículo que precede a los apodos y sobrenombres se escribe siempre con minúscula. *Jack el Destripador; Es una obra del Greco.*

1.000 En ningún caso debe suprimirse la preposición «a» en la perífrasis verbal «ir a» + infinitivo. *Va a venir.* Nunca digas «Va venir».

1.001 Ojalá pagaran por escribir bien, así todos se esforzarían por hacerlo.

1.002 Las palabras de otros idiomas se escriben en cursiva. *«¿Te gustó mi e-mail?»*

1.003 Importante: la abreviatura de la palabra «máster» es «Mtr.», para «magíster» se utilizan además «Mag.» y «Mgtr.».

1.004 «Cuenta conmigo»: palabras importantes, dichas por muchos, cumplidas por pocos.

1.005 Las locuciones «hoy día» y «hoy en día» son ambas correctas y sinónimas. Significan «en esta época, en la actualidad».

1.006 Hay que leer no solamente para ser más culto, sino para ser más feliz.

1.007 Palabras cultas:
«Zarandaja»: insignificancia,
cosa sin importancia.
Hablábamos de zarandajas cuando llegaste.

1.008 La norma actual admite
el uso indistinto de «a
dónde» y «adónde». *No le he dicho a dónde
vamos / No le he dicho adónde vamos.*

1.009 *Nosotros hoy
venimos.*
Nosotros ayer vinimos.
Uno es presente; el otro, pasado.

1.010 Nunca algo que valga
la pena será sencillo.

1.011 No confundir «espirar»,
que significa
«expulsar aire», con «expirar», que
significa «morir» o «acabar un plazo
de tiempo».

1.012 Recuerda que las tildes
son importantes: no es
lo mismo escribir «La perdida de tu hija»
que «La pérdida de tu hija».
¿Ves la diferencia?

1.013 La grafía univerbal de la locución «don nadie»
es «donnadie», plural «donnadies».

1.014 El conductor profesional
se llama «chofer»
(pron. [chofér]) en América y «chófer»
en España. En plural: «choferes»
y «chóferes».

1.015 No se debe escribir
«vámosnos»,
«digámossello». La «s» del medio
no debe ir.
Lo correcto es «vámonos»,
«digámoselo».

1.016 «Guion» no se tilda nunca.
Lo correcto es «guion» sin tilde: se eliminó
la tilde en palabras con diptongos o triptongos ortográficos.

1.017 A Facebook le hace
falta una opción que
diga: «Me gusta tu estado, pero no
me gusta tu ortografía».

1.018 «Ha» es de «haber».
Ha llegado.
«Ah» es una interjección. *Ah, no sabía.*
«A» es la primera letra del abecedario
y una preposición.

1.019 Cuidemos nuestro idioma: puedes sustituir la palabra «spam» por «correo no deseado».

1.020 La vida te da la oportunidad de escribir, corregir y mejorar tu historia todos los días.

1.021 «Estoy arto de tus caprichos», está mal. Es «harto», con hache. «Hartar» significa «fastidiar» o «cansar», entre otras cosas.

1.022 ¿Cuál es la palabra correcta «marihuana» o «mariguana»? Ambas son válidas, pero en el uso culto se prefiere «marihuana».

1.023 Palabras cultas: «Galimatías»: lenguaje enrevesado; confusión, lío. *Cantinflas usaba el galimatías como parte de su acto.*

1.024 Lo que no se soluciona pasando de página, se soluciona cambiando de libro.

1.025 ¿Sabías que la palabra «vodka» viene del ruso *voda,* que significa «agua»?

1.026 «Dicha» viene del latín *dicta,* «lo dicho», por la creencia pagana de que la suerte dependía de lo dicho por los dioses al nacer el niño.

1.027 Los puntos suspensivos no sustituyen a la coma, siempre deben ser tres, y al leer, deben marcar una pausa más larga.

1.028 Hay que leer; más libros, mejor futuro.

1.029 «Por qué» va en oraciones interrogativas (directas e indirectas) y exclamativas. *¿Por qué no? No sé por qué fui. ¡Por qué te amo tanto!*

1.030 «Porque» se usa para responder y para introducir oraciones que expresan causa.
¿Por qué no?
Porque no quiero.
No vas porque no quieres.

1.031 «Porqué» funciona como «motivo», el plural es «porqués».
Dime el porqué de tu reacción.
Sé los porqués de tu renuncia.

1.032 «Porqué»: unión de la preposición «por» con el pronombre relativo «que»; se le puede anteponer el artículo (el / la; los / las).

1.033 ¿Sabes qué es bonito? Aprender y triunfar después de que nadie creyera en ti.

1.034 ¿Eres un defensor de los animales? Entonces puedes hacerte llamar «animalista».
No al maltrato animal.

1.035 No hay que agregar «s» a la 2.ª persona del singular del pretérito del indicativo.
Traducción: «viste», «dijiste», «escribiste», se escriben sin «s».
¿Entendiste?

1.036 Palabras cultas:
«Espurio»: falso, engañoso, que degenera de su origen o naturaleza.

1.037 En español, la voz francesa carnet se ha adaptado con la grafía «carné». La foto del carné está muy bonita.

1.038 Recuerda: las palabras en letra mayúscula deben llevar tilde.
Úrsula es la más linda; VÍA FÉRREA.
No hacerlo es un error.

1.039 Se escriben con «h» las palabras que comienzan con los diptongos «ia-», «ie-», «ue-» y «ui-».
Huevo, hiena, hiato, huir.

1.040 Leer te engorda intelectualmente.
Más libros, mejor futuro.

1.041 «Superchería» no es sinónimo de «superstición»; significa «fraude o engaño». Muchos caen por superstición en la superchería.

1.042 «Beses» es del verbo «besar». *No me beses aquí.*
«Veces», plural de «vez». *Te llamó dos veces.*

1.043 Cuando uno quiere aprender, saca tiempo; cuando no, saca excusas.

1.044 ¿La palabra «avariento» existe? Sí, puedes decir «avaricioso», «avariento» o «avaro».
Todas son válidas y aprobadas por la RAE.

1.045 Palabras cultas: «Gafe»: se dice de la persona o cosa que, supuestamente, trae mala suerte. *Los gatos negros son un gafe común.*

1.046 Diferencia entre «haber» y «a ver»:
Si vas a ver esa película, va a haber problemas.

1.047 Siempre vete a la cama con un buen libro o al menos con alguien que haya leído varios.

1.048 Lo correcto es «va a venir». Nunca digas «va venir».

1.049 No hay que confundir «beneficio», que significa «bien que se hace o recibe (*Beneficio de estudiar*), con «veneficio», que significa «maleficio» o «hechicería» (*Un oscuro veneficio*).

1.050 Lo correcto es «voy a hacer». Nunca digas «voy hacer».

1.051 La hache es muda, no invisible. Algunas de las cosas más importantes en la vida se escriben con hache: humildad, honestidad, humanidad, hijo...

1.052 El signo % debe separarse siempre con un espacio de la cifra que le precede. *Suspendió el 25 % de los alumnos.*

1.053 Para el verbo «venir», lo correcto en pasado es «vinimos». *Ayer vinimos.*

1.054 Para el verbo «venir», lo correcto en presente es «venimos». *Hoy venimos a la feria.*

1.055 El éxito no es para siempre y el fracaso no es el final, lo que cuenta es el valor de seguir adelante y corregir nuestros errores.

1.056 Los prefijos se unen a la base con guion solo si esta empieza por mayúscula o es una cifra. *Anti-OTAN; Sub-21.*

1.057 No hay que confundir «calavera», que se refiere a los huesos de la cabeza, con «carabela», que es un tipo de barco. Estos dos términos son parónimos: voces con relación de semejanza por su forma.

1.058 Los nombres de los periodos litúrgicos o religiosos se escriben con mayúscula. *La Semana Santa; la Pascua.*

1.059 No vivas de las apariencias, siempre cambian. No vivas de las mentiras, al final se descubren. No escribas mal, al final decepcionarás.

1.060 El latinismo *quorum* (número de personas presentes necesario para tomar un acuerdo) debe escribirse en español «cuórum».

1.061 La conjunción «o» pasa a «u» también ante números que se leen con [o] inicial: *7 u 8; 700 u 800.*

1.062 En América se emplea la forma llana «video» (sin tilde); en España, la esdrújula «vídeo». Las dos son válidas y aprobadas por la RAE.

1.063 Diferencia entre «ves» y «vez»: *No hay actitud más egoísta que la de querer regresar cuando ves feliz a quien dejaste ir alguna vez.*

1.064 Palabras cultas: «Sevicia»: crueldad excesiva, malos tratos. *Ningún ser viviente debería sufrir sevicia.*

1.065 No hay que confundir «sobretodo», una prenda de vestir que se lleva sobre el traje, con «sobre todo», sinónimo de «principalmente», «especialmente».

1.066 «Acróbata» proviene del griego *akróbates*, donde *ákros* significa «el más alto, el extremo», y *bates* «quien pisa o anda».

1.067 Una persona pierde el encanto si te dice «ola k ase». Eso no es una moda, es ignorancia.

1.068 ¿«Echo» o «hecho»? «Echo»: forma del verbo «echar». «Hecho»: forma del verbo «hacer». *Te echo de menos y no has hecho nada por verme.*

1.069 Salvo «octavo», los numerales en «-avo» no son ordinales, sino fraccionarios. No se dice «el onceavo puesto», lo correcto es «el undécimo»

1.070 El término «caravana» proviene del persa *karawan*. Adoptado por el italiano para referirse a un grupo de viajeros que cruza el desierto.

1.071 La ortografía no encaja en modas: se tiene o se carece de ella.

1.072 ¿Cómo se escribe, «vacano» o «bacano»? Lo correcto es «bacano», de «bacanal».

1.073 Las palabras adaptadas son «tuit», «tuitear» y «tuitero». «Twitter» no se adapta porque es un nombre propio comercial.

1.074 Palabras cultas: «Cenáculo»: reunión o conjunto de personas con aficiones comunes.

1.075 No cuesta nada y vale mucho decir «por favor», «permiso» y «gracias».

1.076 ¿Es «24 de diciembre de 2015» o «24 de diciembre del 2015»? Ambas formas son válidas, pero se recomienda la primera, sin el artículo antes del año.

1.077 La palabra «felación», estimulación bucal del pene, proviene del latín *fellatio*, derivado de *fellare*, que significa «mamar» o «chupar».

1.078 «Apapachar» es la reduplicación de «apachar», que viene del náhuatl *patzoa*, que significa magullar, aplastar.

1.079 Él puso puntos suspensivos; ella, cansada, borró dos.

1.080 Lo correcto es «veintiuna personas». Nunca digas ni escribas «veintiún personas».

1.081 La palabra «cunnilingus», práctica sexual que consiste en aplicar la boca a la vulva, proviene del latín *cunnus*, «vulva», y *lingus*, «lengua».

1.082 Se escriben con «h» las palabras que empiezan por los sonidos «histo-» y «hosp-». *Historia, hospital.*

1.083 Algunos dicen con frecuencia «valga la redundancia», pero una redundancia nunca es válida.

1.084 Palabras cultas: «Coercitivo»: que sirve para forzar la voluntad o la conducta de alguien; represivo, inhibitorio.

1.085 No confundir «hecho», una cosa que sucede, con «echo», la primera persona de singular del presente del verbo «echar».

1.086 No es «satisfació», es «satisfizo». No es «satisfacería», es «satisfaría».

1.087 No te equivoques: «elecciones» no es sinónimo de «democracia».

1.088 No digas «rampla», es «rampa»: plano inclinado dispuesto para subir y bajar por él.

1.089 «Leguminosas» son las plantas, arbustos o árboles que tienen como fruto una vaina. «Legumbres», las semillas del interior de esa vaina.

1.090 Las tildes son importantes: sin ellas cambia el significado de las palabras. «Bebés y mamás» no es lo mismo que «bebes y mamas».

1.091 Se llama «comicios» a las elecciones para designar cargos políticos. Decir «comicios electorales» es un pleonasmo.

1.092 Lo muy «antiguo o anterior al diluvio» es «antediluviano» (con el prefijo «ante-»). Nunca digas «antidiluviano».

1.093 No confundir «asesinar», que significa matar a alguien, con «acecinar», que es salar las carnes y ponerlas al humo y al aire para que, enjutas, se conserven.

1.094 ¿Es «remplaza» o «reemplaza»? Ambas son válidas y aprobadas por la RAE, pues se puede decir «reemplazar» o «remplazar».

1.095 Hay quien cree que la hache, además de muda, es invisible.

1.096 Las abreviaturas mantienen la tilde en caso de incluir la vocal que la lleva en la palabra plena: «lám.», por «lámina».

1.097 «Al(l) día de hoy» es un galicismo innecesario. Se recomienda emplear en su lugar «hoy», «hoy por hoy», «hoy en día», etc.

1.098 Palabras cultas: «Fehaciente»: que da fe y atestigua como cierto. *Tengo la prueba fehaciente de que te comiste el pastel.*

1.099 Los sustantivos que designan títulos nobiliarios son nombres comunes que no deben escribirse con mayúscula. *El duque de Alba.*

1.100 «Políglota» o «poliglota», ambos son correctos. Se usan para referirse a hombre o a mujer, pero también existe el masculino «polígloto».

1.101 Las terminaciones «-a» y «-o» también se usan para diferenciar a los árboles de su fruto o flor: cerezo/cereza, almendro/almendra, tilo/tila.

1.102 Lo correcto es «si lo hubiera/hubiese sabido, te lo habría/hubiera/hubiese dicho». Nunca digas «si lo habría sabido».

1.103 Vale la pena luchar por lo que vale la pena tener y aprender.

1.104 No confundir «demás», que significa «otras personas o cosas», con la construcción adverbial «de más», que significa «de sobra o en demasía».

1.105 No es lo mismo «infligir», que significa «causar un daño» o «imponer un castigo», que «infringir», que significa «quebrantar una ley». «Inflingir» no existe.

1.106 *Grosso modo* proviene del latín y significa, literalmente, «de manera burda».

1.107 «Por qué» es de pregunta. «Porque» es de respuesta. «Porqué» es un sustantivo que denota causa. «Por que» es una preposición más un pronombre. «Xq» es ignorancia.

1.108 «Ha» es del verbo «haber». *Él no ha cantado.* «A» es una preposición. *Estoy a dos calles de ahí.*

1.109 La popular serie de los personajes amarillos se llama, en inglés, «The Simpsons», y en español, «Los Simpson» (no «Los Simpsons»).

1.110 Palabras cultas: «Bonhomía»: afabilidad, sencillez, bondad y honradez en el carácter y en el comportamiento.

1.111 Si alguien te dice «Te KieRo», no te quiere.

1.112 No te hagas ilusiones: reconocer letras y palabras no es lo mismo que saber leer.

1.113 Cuidado al escribir «zumo» y «sumo»: la primera significa «jugo»; la segunda, «supremo, superior, muy grande».

1.114 Decir «ayer» equivale a decir «el día que precedió inmediatamente al de hoy». «El día de ayer» es una frase redundante; di solo «ayer».

1.115 La «h» en medio de las vocales no impide la formación de diptongo ya que es muda, NO invisible.

1.116 Deshazte de quien duda de ti, únete a quien te valora, libérate de quien te estorba, ama a quien te soporta y escribe bien.

1.117 Palabras cultas: «Jaudo»: insípido y sin sal.

1.118 Las terminaciones -a y -o también pueden servir para diferenciar tamaños: huerta/huerto, bolso/bolsa, cesto/cesta, jarra/jarro.

1.119 «Brisa» es un viento suave, y «brizna» o «brinza» —ambas correctas—, una hebra, un filamento, una pequeña parte de algo, una pizca.

1.120 Los errores no se niegan, se asumen y se corrigen.

1.121 «Harto» significa «cansado», «fastidiado», «bastante» o «que tiene saciado el apetito». «Arto» es una clase de plantas.

1.122 Es «deseo», no «deceo».
Es «no sé», no «nose».
Es «yendo», no «llendo».
Es «echar», no «hechar».
Es «esencia», no «escencia».

1.123 Es «así que», no «asique».
Es «a través», no «a travez» ni «através».
Si quieres decir «principalmente» es «sobre todo» (adverbio), no «sobretodo» (sustantivo).

1.124 ¿Para qué insultar? Ignorar duele más.

1.125 No escribas «Este blujean apreta». Lo correcto es «Este bluyín aprieta».

1.126 Todos los días se aprende algo nuevo.

1.127 «Orinar», «mear» y «miccionar» son sinónimos (expeler la orina).

1.128 La buena lectura te hace menos ignorante y más interesante.

1.129 Palabras cultas: «Catecúmeno»: persona que se instruye en la doctrina católica para recibir el bautismo.

1.130 «Por qué», separado y con tilde, para preguntar. *¿Por qué la dejó?* «Porque», junto y sin tilde, para responder. *La dejé porque no me amaba.*

1.131 No hay que confundir «enebro», que es un arbusto (*El enebro es una planta leñosa*), con «enhebro», del verbo «enhebrar» (*Enhebro la aguja*).

1.132 El que lee mucho, escribe y habla bien.

1.133 Es «queramos», no «querramos».
Es «compañía», no «companía».
Es «o sea», no «osea».

1.134 «Desecho» es el participio del verbo «desechar».
«Deshecho» es el participio del verbo «deshacer».
«Cocer» significa «cocinar».
«Coser» guarda relación con «remendar».
«Hierba» es un tipo de planta.
«Hierva» es una forma del verbo «hervir».

1.135 Las formas de la 2.ª persona del singular del pretérito perfecto simple terminan en «-ste». *Miraste, dijiste, fuiste.* NUNCA con «-s» final. *Mirastes, dijistes.*

1.136 La madurez no depende de la edad, sino de cómo actúas, cómo piensas y cómo hablas y escribes.

1.137 «Éstas» no lleva tilde: desde el 2010 la RAE recomienda no poner ese acento gráfico. Lo correcto es «estas».

1.138 Palabras cultas. «Pertinaz»: que dura mucho tiempo. *El gobierno es pertinaz y corrupto.*

1.139 Lo correcto es «voy a hacer», no «voy hacer». Lo correcto es «va a venir», no «va venir».

1.140 La RAE aprueba el «ola k ase» como sinónimo de «basura».

1.141 Nunca digas «álbun», es «álbum». El plural es «álbumes».

1.142 «Extinguido» es el participio del verbo «extinguir». *El fuego fue extinguido rápido.* «Extinto» significa «muerto», «desaparecido». *Los dinosaurios son una especie extinta.*

1.143 No es «culumpio», es «columpio». No es «interperie», es «intemperie». No es «transnochar», es «trasnochar».

1.144 Yo cambiaría a todos los estudiantes que «ExcRiVem aZzHi» por jóvenes sin la posibilidad de estudiar, pero con ganas de superarse.

1.145 Diferencia entre «hacer» y «a ser»:
Voy a hacer la tarea.
Voy a ser mejor estudiante.

1.146 Palabras cultas:
«Zote»: ignorante, torpe y muy tardo en aprender.
Hay que leer mucho para que nunca nos digan «zote».

1.147 ¿Está permitido utilizar «muramos»?
Sí. *Espero tener todo en orden antes de que muramos.*

1.148 Los ignorantes afirman que no es importante la manera de escribir, sino que se entienda.

1.149 Nunca digas «Me voy a colocar la camisa».
Devolvámosle la dignidad al verbo «poner»: lo correcto es «Me voy a poner la camisa».

1.150 Después de signos de cierre de interrogación o exclamación (?!) se puede poner coma o punto y coma, pero no punto: el signo lo incluye.

1.151 Palabras cultas:
«Xenofobia»: hostilidad u odio hacia lo extranjero.

1.152 No confundas mi personalidad con mi actitud. Mi personalidad es quien soy, mi actitud depende de quién seas tú.

1.153 Es «itinerario», no «intinerario».
Es «pantufla», no «pantunfla».
Es «cantimplora», no «cantinflora».
Es «mingitorio», no «migitorio».

1.154 Son válidas «machacar» y «machucar»: golpear algo para deformarlo, aplastarlo o reducirlo a fragmentos pequeños sin llegar a triturarlo.

1.155 La locución latina *motu proprio* («voluntariamente») se usa sin preposición antepuesta. *Lo hizo* motu proprio.

1.156 Un «periodo» es un espacio de tiempo que incluye toda la duración de algo. No diga «periodo de tiempo»; es una frase redundante.

1.157 No temas decir «yo aprieto». Error común: decir «yo apreto».

1.158 Leer perjudica seriamente la ignorancia.

1.159 Se llama diptongo a la combinación de dos vocales contiguas pronunciadas en un solo golpe de voz. *Viudo, peine, rueda.*

1.160 «Paidofilia» o «pedofilia» es la atracción sexual que siente un adulto por los niños. «Pederastia» también, y además, abuso sexual de niños.

1.161 «Ahora» viene de «agora», que proviene del latín *hac hora* (en esta hora).

1.162 ¿Sabías que está comprobado que las personas que prefieren acostarse tarde tienen un cociente intelectual más alto?

1.163 Palabras cultas: «Cutiano»: diario, continuo; diariamente, continuadamente. *Esperamos ser un aporte cutiano para el lenguaje.*

1.164 «Vaya» y «yendo» son del verbo ir. *Amor, vaya a casa...; Ya estoy yendo.* «Llegando» es del verbo «llegar». «Llendo» no existe.

1.165 La palabra «quizá», que denota posibilidad, proviene del latín *qui sapit* y significa literalmente «quién sabe».

1.166 Leer nunca da sueño, leer nos da sueños.

1.167 No digas «yo degollo», es «yo degüello». Se conjuga como «contar». Verbo feo; peor mal conjugado.

1.168 En español, delante de «p» o «b» se escribe siempre «m».
Biempensante, ciempiés, embotellar.

1.169 «Voy a hacer» significa «realizaré algo». *Voy a hacer la tarea.* «Voy a ser» significa «seré». *Voy a ser maestra.*

1.170 Nada como una sonrisa sincera, una palabra sabia y un mensaje bien escrito.

1.171 «Demoler» se conjuga como «mover». Nunca digas «yo demolo», es «yo demuelo».

1.172 «Más»: contrario de menos. *Él es más alto que tú.* «Mas»: equivale a «sin embargo», «aunque», «pero». *No dejo de temblar, mas no es de miedo.*

1.173 No confundir: *Yo me enserio cuando estoy en el salón* («Enserio» del verbo «enseriar»). *Te estoy hablando en serio.*

1.174 Soy responsable de lo que digo, no de lo que entiendes.

1.175 Nunca sustituyas «hubiese o hubiera» por «fuera o fuese». Lo correcto es «hubiera sido», «hubiese ido», «hubiera comido».

1.176 Importante: el plural de «filme» es «filmes», no «films».

1.177 Recibir un mensaje de amor bien escrito de la persona que quieres no tiene precio.

1.178 La coma siempre se pone antes de las conjunciones «aunque», «pero», «sin embargo» y «sino».

1.179 «Junto a» es «cerca de». *Estoy junto a la cama.* «Junto con» es «en compañía de». *Estoy transmitiendo junto con Diego.*

1.180 Las siglas R.I.P. provienen de la locución latina *requiescat in pace*, que significa «descanse en paz».

1.181 Cuando escribas y hables, procura que tus palabras sean mejores que el silencio.

1.182 Se puede decir «obscuro» y «oscuro». Del mismo modo, son válidas «obscurantismo» y «oscurantismo».

1.183 «Demoler» y «degollar» se conjugan como «mover» o «contar». Nunca digas «yo demolo». Lo correcto es «yo demuelo», «tú demueles», «él demuele».

1.184 El término «proactivo» se escribe en una sola palabra, es decir, sin añadir un espacio ni un guion.

1.185 Primero se piensa y después se escribe, no se escribe y después se piensa.

1.186 Lo correcto es «a mi favor» o «en mi favor». Nunca digas «en favor mío».

1.187 Una coma (,) puede salvar una vida: «Cárcel, no muerte» no es lo mismo que «Cárcel no, muerte».

1.188 Un billón (del francés *billion*) es un millón de millones. Mil millones son un millardo.

1.189 Si tú no respetas, no tienes derecho a exigir respeto; escribir mal es una falta de respeto con los lectores.

1.190 Se escriben con «g» los compuestos y derivados de «logos». *Lógica, teología, analógico.*

1.191 No confundir «masa», que significa «mezcla de harina con agua y levadura», con «maza», que significa «pieza de hierro que sirve para golpear sobre los pilotes».

1.192 No confundir «ver», verbo que significa «percibir con los ojos», con «mirar», que significa «prestar atención a lo que se ve».

1.193 No es lo mismo «haré» que «aré». «Haré» es una forma del verbo «hacer» en futuro. «Aré» es una forma del verbo «arar» en pasado.

1.194 El problema no es de género, sino de redundancia: decir por ejemplo «médicas y médicos» a un grupo de médicos de ambos sexos. Se dice «los médicos».

1.195 El «acento ortográfico» es la «tilde». Por eso puedes decir «tildar» o «acentuar».

1.196 Cuando no sepas qué hacer, puedes ponerte a leer.

1.197 «De acuerdo con» es la variante que prefiere la lengua culta, aunque «de acuerdo a» también es válida.

1.198 No confundir «sumo», forma del verbo «sumar» (*Yo sumo con la calculadora*), con «zumo», que significa «líquido de hierbas, frutos o semejantes» (*Zumo de limón*).

1.199 Recuerda que la palabra «esto» nunca se escribe con tilde.

1.200 Más gente aprendería de sus errores si no estuviera tan ocupada negándolos.

1.201 Es «por supuesto», no «porsupuesto».

1.202 «Haber», en impersonal, no tiene plural. *Habrá muchas personas en la fiesta.* Nunca digas «Habrán muchas personas en la fiesta».

1.203 No es «en relación a», lo correcto es «en relación con» o «con relación a».

1.204 El que calla no siempre otorga, a veces no tiene ganas de discutir con idiotas.

1.205 Son igualmente válidas y aceptadas por la RAE las locuciones «respecto a» y «respecto de», aunque se recomienda la primera.

1.206 «Haber», en impersonal, no tiene plural.
Hubo muertos. (No *Hubieron muertos*).
Había muchos chismosos. (No *Habían muchos chismosos*).

1.207 La ortografía no es una moda que cambie según las tendencias; escribir bien es sinónimo de cultura y educación.

1.208 ¿Sabías que la palabra «ninguno» proviene del latín *nec unus*, que significa «ni uno»?

1.209 «Votar» significa «dar un voto o decir un dictamen».
«Botar» es «arrojar», «tirar», «echar fuera a alguien o algo».
En las próximas elecciones, no bote su voto.

1.210 Es «meteorológico», no «metereológico».

1.211 Me pregunto qué hace la gente con todo ese tiempo que se ahorra escribiendo «k» en vez de «que».

1.212 Es «utensilio», no «utensillo».
Es «aprieto», no «apreto».

1.213 «El» es un artículo determinado.
«Él» es un pronombre personal.
Él quiere pasar el día contigo.

1.214 Si cada uno escribe su propio destino, hay que tener cuidado con las faltas de ortografía.

1.215 No hay que confundir «abrían», del verbo «abrir», con «habrían», del verbo «haber».

1.216 No hay que confundir «cerrar», que significa «asegurar con cerradura» (*Cerrar una puerta*), con «serrar», que significa «cortar o dividir con la sierra» (*Serrar el árbol*).

1.217 No hay que confundir «intención», que significa «deseo de hacer algo», con «intensión», que guarda relación con «intensidad».

1.218 Como adverbio, solamente puede usarse «gratis». *Viajaré gratis a Egipto.* Como adjetivo, pueden usarse las formas «gratis» y «gratuito». *Gané un viaje gratis/ gratuito a Egipto.*

1.219 Lo correcto es «exorbitante», no «exhorbitante». Lo correcto es «excepcional», no «exepcional».

1.220 Después de «n» se escribe «r». *Sonreír.* Se escribe «rr» entre vocales. *Zarrapastroso.*

1.221 Lo correcto es «satisfará», no «satisfacerá».

1.222 No hay cosa que decepcione más que una mala ortografía.

1.223 No hay que confundir «esotérico», que significa «oculto», «reservado», con «exotérico», que quiere decir «conocido», «común».

1.224 Lo correcto es «Mucho gusto en conocerlo», no «Mucho gusto de conocerlo».

1.225 No hay que confundir «incipiente», que significa «algo que empieza», con «insipiente», que quiere decir «ignorante», «falto de juicio», «inculto».

1.226 Si tu ortografía es correcta ganarás respeto, confianza y admiración.

1.227 «Venimos» es en presente (*Venimos a buscarte*); «vinimos» es en pasado (*Vinimos ayer y no estabas*).

1.228 No hay que confundir «beses», forma del verbo «besar» (No me beses aquí), con «veces», plural de «vez» (*Te llamó dos veces*).

1.229 «El», «un», «algún» y «ningún» pueden preceder a una palabra femenina si esta empieza con «a» tónica: el agua, un acta, ningún arma.

1.230 Que tenga buen físico atrae; pero que escriba bien y tenga ortografía enamora.

1.231 Lo correcto es «se enteró de que», no «se enteró que».

1.232 «Gripe» viene del francés *grippe*. También es correcta la forma «gripa».

1.233 «Porque» responde o afirma.
«Por qué» es interrogativo o exclamativo.
«Porqué» expresa causa o razón.
«Por que» significa «por el/la cual».

1.234 Por la forma en que escribas, se te aceptará o rechazará; la mala ortografía decepciona y te hace menos interesante.

1.235 «Han habido algunas quejas» es incorrecto. Lo correcto es «Ha habido algunas quejas».

1.236 Se escribe siempre «n» antes de «v». *Convivencia, inviolable, invertir.*

1.237 No hay que confundir «bienes», que significa «posesiones», con «vienes» del verbo «venir».
Tus bienes serán embargados, pero si vienes podemos hablar.

1.238 Lo que para ti puede ser obvio, para otra persona puede ser un gran descubrimiento.

1.239 No hay que confundir «en torno», que significa «alrededor de» o «acerca de» (*La novela gira en torno a él*) con «entorno», que significa «ambiente» (*Tiene la imagen del entorno*).

1.240 Se escribe «rr» para representar el sonido vibrante fuerte solamente cuando este va entre vocales.
Correr, arrancar, corrupto.

1.241 Cuando se formulan preguntas consecutivas, cada una lleva signos de interrogación y mayúscula.
¿A dónde vamos? ¿Por qué?

1.242 La estupidez siempre se produce cuando la lengua y la mano le ganan la carrera al cerebro.

1.243 No hay que confundir «verás», del verbo «ver» (*Mañana verás a tu mamá*), con «veraz», que guarda relación con «verdad» (*Tenemos derecho a una información veraz*).

1.244 Se separan con coma (,) las palabras, sintagmas y construcciones paralelas que se repiten.
Sí, sí, lo que tú digas.

1.245 Lo correcto es «en serio», no «enserio».
Lo correcto es «a veces», no «aveces».

1.246 Un joven que lee será un adulto que piensa.

1.247 «A ver» significa «mirar». *Vamos a ver la película.*
«Haber» significa «existencia». *Debe de haber alguien aquí que nos ayude.*
«Haver» y «aber» no existen.

1.248 No olvides que las palabras agudas llevan tilde si terminan en vocal, «-n» o «-s».
Bebé, comerá, autobús, patán, además.

1.249 No hay que confundir «hola», una forma de saludo (*Hola, ¿cómo estás?*), con «ola», la ondulación del agua (*Esa ola es muy grande*).

1.250 Las personas que escriben y hablan bien no son personas perfectas, pero son personas únicas.

1.251 «Aperturar» no existe, lo correcto es emplear el verbo «abrir». *Abrir una cuenta bancaria.*

1.252 Aunque es válido el uso de «post-» y «pos-», se recomienda usar con preferencia esta última. *Posoperatorio, posproducción.*

1.253 No hay que confundir «encausar», que significa «enjuiciar», «procesar», con «encauzar», que quiere decir «guiar», «orientar», «dirigir».

1.254 Justificar un error lo duplica; reconocerlo, lo minimiza.

1.255 Lo correcto es «trasplante», no «transplante».

1.256 Antes de «p» y «b» se escribe «m», nunca «n». Antes de «v» se escribe «n», nunca «m».

1.257 Lo correcto es decir «gratis». *El agua es gratis.* Nunca digas «de gratis»; es incorrecto.

1.258 Hay niñas que quieren un romance como el de Romeo y Julieta sin saber que fue una historia de tres días y seis muertos. ¡HAY QUE LEER!

1.259 No es «exepto», lo correcto es «excepto» con «xc». No es «excento», lo correcto es «exento» sin «xc».

1.260 Después de «ol» se escribe «v». *Olvidar, inolvidable, resolver, polvo, polvoriento, solvente, disolver.*

1.261 ¿Setiembre o septiembre? Ambas formas son válidas y aceptadas por la RAE.

1.262 La mala ortografía es una enfermedad de transmisión textual. ¡PROTÉGETE!

1.263 No hay que confundir «bacante», que significa «mujer descocada, ebria y lúbrica», con «vacante», que significa «que está sin ocupar».

1.264 *Nose* es nariz en inglés. «No sé» es para decir que desconoces algo.

1.265 Se puede poner «,», «;», «:» o «...» después de los signos «?» y «!». No se pone «punto»: el signo lo incluye.

1.266 Nada peor que leer un mensaje «ExcRitToW aZzHi»; no solamente significa ignorancia, también es una falta de respeto con los lectores.

1.267 El verbo «fungir» (desempeñar un empleo o cargo) se puede conjugar acompañado de las palabras «de» o «como» (fungió de/como presidente).

1.268 «Aquí» indica el lugar en el que está el que habla; «ahí», un lugar algo alejado, y «allí», un lugar más alejado.

1.269 «Éstas», «éste» y «ésta» no llevan tilde. Desde el 2010 la RAE recomienda no poner esa tilde. Lo correcto es «estas», «este» y «esta».

1.270 La expresión «cita previa» es una redundancia. Todas las citas son previas.

1.271 En inglés es *80's*, pero en español debemos escribir y decir «los 80», «los años 80», «década de los 80».

1.272 «Tan bien» es el adverbio de cantidad «tan» más el adverbio de modo «bien». *Me gusta vestirme tan bien como él.*
«También» es un adverbio de afirmación. *También voy.*

1.273 ¿Se dice «repitente» o «repitiente»?
Lo correcto es «repitiente».

1.274 Caras vemos, si tiene ortografía no sabemos.

1.275 No hay que confundir «espirar», que significa «expulsar aire» (*Espirar profunda y completamente*), con «expirar», que significa «morir» o, dicho del tiempo, «acabar» (*El mes acaba de expirar*).

1.276 No temas decir «yo aprieto», «él aprieta».
«Apretar» es verbo irregular y se conjuga como «acertar».
Error común: decir «apreto», «apretas».

1.277 No digas «líbido»; lo correcto es «libido», sin tilde. Es una palabra grave o llana y debe pronunciarse como tal: /lib[í]do/.

1.278 Qué feo es estar leyendo un libro, ponerte a pensar en cosas sin querer mientras lees y darte cuenta de que has leído sin enterarte.

1.279 ¿Sabías que uno de los significados de «cachivache» es: hombre ridículo, embustero e inútil?

1.280 Podemos decir «en las afueras» o «a las afueras» (periferia, alrededores de una población). *Estoy viviendo a/en las afueras de la ciudad.*

1.281 Error común de pleonasmo: decir «cállate la boca».
«Callar» implica dejar de emitir palabras, obviamente con la boca.
Lo correcto es decir «cállate».

1.282 La mala ortografía siempre causa desilusión.

1.283 No hay que confundir «ablando», del verbo «ablandar» (*Ablando el plástico*), con «hablando», del verbo «hablar» (*Hablando se entiende la gente*).

1.284 «Hubieron problemas para entrar» es incorrecto. Lo correcto es «Hubo problemas para entrar».

1.285 Lo correcto es «las mejor vestidas». Nunca digas «las mejores vestidas».

1.286 El mundo sería mejor si se valorara más la manera de actuar, pensar, hablar y escribir... que la de vestir.

1.287 La locución adverbial «de veras» se escribe con las dos palabras separadas, y significa «con verdad», «de verdad». «Deveras» NO existe.

1.288 «Cuándo», «cuán», «cuánto», «cómo», y «dónde» se tildan cuando adquieren un carácter interrogativo o exclamativo.

1.289 No confundir «poso», del verbo «posar» (*Yo poso en la fotografía*), con «pozo», que significa «perforación en la tierra» (*El pozo de agua*).

1.290 Recuerda que ir al gimnasio no es suficiente; también hay que ejercitar la mente.

1.291 «Mas» es una conjunción adversativa equivalente a «pero». «Más», un adverbio para comparar o indicar cantidad. Nunca digas «mas sin embargo».

1.292 «Errar» es de equivocarse. *Errar es de humanos.* «Herrar» es poner herraduras. *Hay que herrar al caballo.* Error con hache es un horror.

1.293 Lo correcto es «llevar a cabo». Nunca digas «llevar acabo».

1.294 Al decir «enero», «febrero»..., nos referimos a un mes; en este sentido, «mes de mayo» es un pleonasmo. Y no van con mayúscula inicial.

1.295 No hay que confundir «hice», del verbo «hacer» (*Hice todo lo posible*), con «ice», del verbo «izar» (*El alcalde pide que se ice la bandera*).

1.296 «Achacar» viene del árabe hispano *aččakká*, y este del árabe clásico *tašakkà*, que significa literalmente «quejarse», «denunciar».

1.297 Los paréntesis se usan para introducir una aclaración incidental. *Ser mayor de edad (mayor de 18 años).*

1.298 Muchas veces la ortografía le gana al corazón y es mejor saber poner punto final y no más comas.

1.299 No hay que confundir «cegar», relacionado con la falta del sentido de la vista (*Cegado de ira*), con «segar», que significa «cortar hierba o cereales» (*Un campesino va a segar hierba*).

1.300 El plural de «menú» es «menús». Nunca digas «menúes», esa palabra no existe.

1.301 Palabras cultas. «Bulo»: noticia falsa que se propaga con algún fin. *El bulo del cobro de correo electrónico fue un éxito la década pasada.*

1.302 La mala ortografía es un enemigo silencioso; la gente te lee, mira el error y piensa mal de ti.

1.303 El verbo «nevar» es irregular y se conjuga como «acertar». Se dice «nieva», nunca digas «neva».

1.304 En las redes sociales genera más indignación una falta ortográfica que una mentira. Por eso los políticos se esmeran por escribir bien.

1.305 No hay que confundir «sede», que significa «lugar» (*La sede de la OEA*), con «cede», forma del verbo «ceder» (*Ella cede el puesto*).

1.306 La «h» podrá ser muda, pero tú no eres ciego, así que debes escribirla.

1.307 Algunas locuciones latinas: *grosso modo* («a bulto»), *ipso facto* («en el acto»), *modus operandi* («modo de obrar»), *vox populi* («voz pública»).

1.308 La forma correcta del imperativo de «dar» correspondiente a «ustedes» más el pronombre «le» es «denle» (nunca digas «delen»). *Denle la mano.*

1.309 ¿Cómo se dice, «quebré» o «quiebre»? Ambas formas del verbo «quebrar» son correctas: «quebré», en pasado; «quiebre», en presente de subjuntivo.

1.310 La persona que escribe y habla bien posee ventaja sobre las demás; no solamente se ve más culta, sino más interesante.

1.311 El femenino de «ministro» es «ministra». El femenino de «ingeniero» es «ingeniera». El femenino de «médico» es «médica».

1.312 No hay que confundir «rebelar», que es «sublevarse o negarse a obedecer», con «revelar», que significa «descubrir o manifestar lo ignorado, desconocido o secreto».

1.313 La conjunción «o» cambia a «u» cuando precede al fonema /o/, haya o no «h» antepuesta. *Minutos u horas.*

1.314 Pregunta lo que no sepas y pasarás por tonto unos minutos; no lo preguntes y serás tonto la vida entera.

1.315 En español hay que escribir «carné», «pádel», «jonrón», «currículo». Recuerda escribir en cursiva las palabras en otro idioma.

1.316 Las voces llanas terminadas en «-s» son invariables en plural.
el campus / los campus
el virus / los virus
la crisis / las crisis

1.317 Los monosílabos no llevan tilde («fue», «vio», «di», «fe, «fui», «ti»...), salvo en casos de tilde diacrítica («tú/tu», «él/el», «dé/de», «sí/si», «más/mas»...).

1.318 Pensar antes de escribir es gratis, no hacerlo puede salir carísimo.

1.319 El plural de «déficit» es «déficits».
El plural de «tuit» es «tuits».
El plural de «menú» es «menús».

1.320 Delante de la expresión «por ciento» no se apocopa el numeral «uno». Se dice «veintiuno por ciento», nunca digas «veintiún por ciento».

1.321 Pronombre: palabra que designa a un ser sin necesidad de nombrarlo.
Yo soy americano.
Tú eres sudamericano.
Usted tiene razón.

1.322 Jamás pasará de moda escribir bien. Escribir bien es tan bonito que enamora.

1.323 «Rotura» se emplea para realidades materiales y «ruptura» para inmateriales.
Rotura del hueso.
Ruptura del pacto.

1.324 La escritura en mayúsculas no exime del uso de la tilde si así lo exigen las reglas de acentuación. NO HACERLO ES UN ERROR ORTOGRÁFICO.

1.325 «Hubiera» es de uso singular; «hubieran», plural.
Si hubiera ido sola, sería mejor.
Si hubieran ido conmigo, sería feliz.

1.326 El silencio otorga, la sonrisa confirma, la mirada habla y la mala ortografía, decepciona.

1.327 El sustantivo derivado de «injerir» es «injerencia»; el de «ingerir» es «ingestión». Nunca escribas «ingerencia», esa palabra no existe.

1.328 Nunca uses «hubieron» para denotar existencia; en ese caso, siempre es «hubo». *Hubo muchos heridos en el accidente.*

1.329 El verbo «distraer» es irregular y se conjuga como «traer».

Lo correcto es «me distraje», nunca digas «me distraí».

1.330 No puedo creer que algunas personas prefieran «ExcrRiVirR aZzHi» y pasar por ignorantes que escribir bien y ser más interesantes.

1.331 Conjugación del verbo «tener» en futuro de subjuntivo:
Yo tuviere
Tú tuvieres
Él tuviere
Nosotros tuviéremos
Vosotros tuviereis
Ellos tuvieren

1.332 No te confundas: no es «preveer», es «prever».
No es «prover», es «proveer».

1.333 Todo sería mejor si la educación fuera gratuita y buena, si se acabara el analfabetismo y si todos aprendieran a hablar y escribir bien.

1.334 Cada vez que escribes «k» en lugar de «que», ganas dos letras y pierdes credibilidad y respeto.

1.335 En un texto, entre la palabra «atentamente» y la firma se debe poner una coma.

1.336 La expresión «sobre todo», que significa «principalmente» o «especialmente», se escribe en palabras separadas.

1.337 «Si está en la cara, se escribe con "b"», me dijeron; y desde entonces no dudo, porque sé que «bigote», «barba», «barbilla» y «boca» se escriben con «b».

1.338 El problema no es solamente la mala ortografía, el problema viene cuando están en las redes sociales lastimando nuestra vista.

1.339 Luego de los dos puntos va minúscula. Excepciones: que les siga un nombre propio, que vayan al renglón siguiente o que sea una cita.

1.340 «Imputar» es señalar o acusar a alguien de haber hecho algo reprobable.
«Emputar» es encolerizarse, dejarse llevar de la ira.

1.341 Una mujer con buen cuerpo, hermosa sonrisa y con una divertida forma de ser atrae; pero si también escribe y habla bien, enamora.

1.342 ¿Cómo se dice «no caí en cuenta» o «no caí en la cuenta»?
Lo correcto es «no caí en la cuenta».

1.343 La 1.ª persona del singular del presente de indicativo de «saber» es «sé» en todos sus sentidos: para decir que tienes sabor a sal di «Sé a sal».

1.344 «Sortija» viene del latín *sorticula*, diminutivo de *sors*, «suerte».
¿Será qué el matrimonio es suerte?

1.345 Con la ortografía no se juega, se tiene o se carece de ella.

1.346 No digas «aorillar», esa palabra no existe. Lo correcto es «orillar», que significa «arrimarse a las orillas».

1.347 Lo «bimensual» sucede dos veces al mes y lo «bimestral» una vez cada dos meses.

1.348 No es «fasista» ni «facista», lo correcto es «fascista», con «sc». Significa «autoritario, relativo al fascismo, partidario de esta doctrina».

1.349 Debería ser obligatorio aprobar un examen de ortografía para poder graduarse del colegio.

1.350 Las iniciales de nombres propios son abreviaturas y deben conservar la tilde cuando corresponda.
Luis Ángel Álvarez Peña: L.Á.Á.P.

1.351 No confundir:
«Asia»: continente.
«Hacia»: significa «en dirección a».
«Hacía»: copretérito de «hacer».

1.352 «Acceso» viene de «acceder». Nunca digas «accesar»; esa palabra NO existe.

1.353 La educación es como una sonrisa, si la tienes, se nota.

1.354 Los participios de los verbos terminados en «–uir» no se escriben con tilde: «incluido» (de «incluir») «destruido» (de «destruir») «excluido» (de «excluir»)

1.355 Monosílabos con tilde: «sé» (de «saber» y «ser»)
«dé» (de «dar»)
«mí» (de «yo»)
«sí» (afirmación)
«él» (cuando hablamos de un tercero)
«té» (infusión)
«tú» (vos)

1.356 El «que» no se escribe con tilde en las expresiones de deseo. *Que duermas bien; ¡Que tengas suerte!; Que hoy no llueva.*

1.357 Son válidas «machacar» y «machucar». Ambas formas significan «golpear algo para deformarlo, aplastarlo o reducirlo a fragmentos pequeños sin llegar a triturarlo».

1.358 No hay que confundir «hibernar», que significa «pasar el invierno, especialmente en estado de hibernación», con «invernar», que significa «pasar el invierno en un lugar».

1.359 No digas «telesférico», lo correcto es «teleférico», del griego «lejos» y el latín «llevar». Sobra la «s».

1.360 Si vas a usar el verbo «colar», conjúgalo como «contar». No digas «yo colo el café», lo correcto es «yo cuelo el café».

1.361 La ortografía es una de las armas de seducción menos conocidas.

1.362 Error común: confundir «vaso», «baso» y «bazo». «Vaso»: recipiente que sirve para beber. «Baso»: forma del verbo basar. «Bazo»: víscera.

1.363 Los plurales de las palabras terminadas en «z» se cambian por «c».
fugaz > fugaces
pez > peces
perdiz > perdices

1.364 Abreviaturas de los meses: en., feb., mzo., abr., jun., jul., ag., sept., oct., nov., dic.
El nombre de «mayo» no se abrevia.

1.365 Jamás discutas con un imbécil, porque nunca terminarías y no llegarás a nada.

1.366 Antes de consonante se escribe «b» y no «v».
Abdomen, obligación, embriagado, obvio, ombligo, cabra.

1.367 Existe «apertura»; viene del verbo «abrir». «Aperturar» no existe.

1.368 Son redundancias:
asomarse al exterior
belleza estética
más mayor
subir arriba
volar por el aire
conclusión final
mas sin embargo

1.369 «Orror» sin «h» es un error, se escribe «horror». La «h» es muda, pero no invisible.

1.370 Se debe escribir «Tierra», con mayúscula inicial, si te refieres al planeta que habitamos.

1.371 La palabra «wifi» es usual y aceptada por la RAE. Al ser de género ambiguo puede escribirse «el wifi» o «la wifi».

1.372 No es ni «horta» ni «orta», es «aorta»: arteria que nace del ventrículo izquierdo del corazón de aves, mamíferos, peces y batracios.

1.373 Comer muchos libros causa obesidad intelectual.

1.374 Palabras cultas: «Megalómano»: persona que sufre de delirios de grandeza. *Infortunadamente en el mundo hay muchos megalómanos.*

1.375 No es «enebrar». Lo correcto es «enhebrar»: pasar la hebra por el ojo de la aguja.

1.376 «Al menos», «tal vez», «a través», «de pronto» y «sin embargo» se escriben separadas. «Conmigo» y «contigo» se escriben juntas.

1.377 Escribir bien es gratis; escribir con faltas ortográficas puede costar un empleo, causar una nota baja o ser motivo para dejar de ser admirado por alguien.

1.378 «Apóstrofe»: insulto o dicterio. *Ante el alud de apóstrofes y de ultrajes, retrocedió, temeroso, el público.* «Apóstrofo»: signo ortográfico.

1.379 La palabra «examen» no se acentúa; «exámenes» sí. Lo mismo ocurre con «imagen / imágenes» y «volumen / volúmenes».

1.380 ¿Cuál es la forma correcta: «se solda» o «se suelda»? Lo correcto es «suelda», de «soldar».

1.381 La ortografía afirma tu personalidad y te hace más interesante.

1.382 Palabra nueva: «Desvitalizar»: quitar vitalidad a alguien o a algo. *Un mal gobierno desvitaliza al pueblo.*

1.383 Son correctas «dentudo/da», «dientón/na» y «dentón/na»; «narigón/na», «narigudo/da» y «narizón/na». Todas ellas son formas válidas y aprobadas por la RAE.

1.384 ¿Es «fe» o «fé»? Lo correcto es «fe», sin tilde.

1.385 «Hediondo/da» y «jediondo/da» son válidas como sinónimo de «maloliente».

1.386 Palabras cultas: «Abstruso»: que es difícil de comprender. *Es una relación abstrusa para la familia.*

1.387 «Palíndromo»: palabra que se lee igual de derecha a izquierda, que de izquierda a derecha. *Reconocer, solos, seres.*

1.388 «Atravesar», «queso», «quiso» y «guiso» se escriben con «s», no con «z».

1.389 La gente que no sabe es la que más habla; porque claro, una de las cosas que no sabe es callarse.

1.390 «Hubiese» y «hubiera» son exactamente lo mismo; solo son dos formas diferentes del imperfecto de subjuntivo. *hubiera ido / hubiese ido.*

1.391 La palabra «sé» se tilda cuando es flexión del modo imperativo del verbo «ser» y «saber». *Sé un buen niño; Yo sé; No sé.*

1.392 Cuando dos palabras que se tildan se unen, se conserva la segunda tilde. *Decimoséptimo.*

1.393 Hablar o escribir sin pensar es como disparar sin apuntar a un objetivo.

1.394 ¿Sabías que según la RAE es correcto decir «setiembre» y «otubre»?

1.395 Es incorrecto extender la «-s» característica de la 2.ª persona del singular a los pretéritos perfectos simples: nunca digas «vinistes» ni «oístes».

1.396 No hay que confundir «abrían», del verbo «abrir», con «habrían», del verbo «haber».

1.397 ¿Sabías que «tremebundo» significa «algo espantoso, horrendo, que produce terror»? *Un mensaje «ExCriToW aZzHi» es algo tremebundo.*

1.398 Son válidas «quiosco» y «kiosco», «chequear» y «checar», «traumatizar» y «traumar», «criatura» y «creatura», «murciélago» y «murciégalo».

1.399 Palabras cultas: «Metomentodo»: entrometido; dicho de una persona que tiene la costumbre de meterse donde no la llaman.

1.400 La palabra «güisqui» proviene del inglés *whisky*, y este del gaélico *uisce beatha*, que significa «agua de vida».

1.401 Los que dicen que la ortografía no es importante son los mismos que no saben valorar las cosas buenas de la vida.

1.402 ¿«Garage» o «garaje»? Lo correcto es «garaje»: las palabras terminadas en «-aje» se escriben con «j».

1.403 Es incorrecto el uso del adverbio «cerca» con posesivos, como es el caso de «cerca tuyo». Lo correcto es «cerca de ti».

1.404 Palabras cultas: «Hesitación»: duda. *Luego de la hesitación, mejor calló.*

1.405 Escribir correctamente aumenta las posibilidades de éxito. Haz de la ortografía un artículo de primera necesidad.

1.046 El verbo «nevar» es irregular. Lo correcto es «nieva», no «neva».

1.407 Palabras cultas. «Núbil»: se dice de la mujer que está en edad de casarse.

1.408 Palabras cultas. «Oneroso»: pesado, molesto, pero también, que ocasiona gasto. *Tener muchos hijos resulta oneroso.*

1.409 No hay halago más sincero que el insulto de un idiota... y aún más, si está mal escrito.

1.410 Error común de pleonasmo: «deambular sin rumbo». Al decir «deambular» ya está indicándose que se anda sin una dirección determinada, sin rumbo.

1.411 Si un párrafo o frase termina con cierre de comillas, el punto se pone después de estas. *«Quien habla bien, escribe mejor»*.

1.412 «Peliar», «rumbiar» y «bronciar» NO existen. Lo correcto es «pelear», «rumbear» y «broncear».

1.413 Un libro no acabará con la guerra ni podrá alimentar a 100 personas, pero puede alimentar las mentes y, a veces, cambiarlas.

1.414 No hay que confundir «ceso», forma del verbo «cesar», que significa «suspender», «acabar», con «seso», que significa «cerebro, centro nervioso del encéfalo».

1.415 No existen los verbos «accesar», «aperturar», «direccionar», «emproblemar», «antagonizar». Su uso es un error.

1.416 Palabras cultas. «Agnóstico»: el que declara inaccesible todo conocimiento de lo divino y de lo que trasciende la realidad.

1.417 La importancia de plantear bien una pregunta:
—*Doctor, creo que soy alérgico al vino.*
—*¿A qué vino?*
—*A una consulta médica.*

1.418 En español, se recomienda usar la expresión «correo electrónico» en lugar del inglés *e-mail*.

1.419 No se dice «delen», lo correcto es «denle». Tampoco se dice «demen», lo correcto es «denme».

1.420 «Asimismo» significa «también, además». *La casa dispone, asimismo, de garaje.* «Así mismo» significa «de ese modo». *Lo hizo así mismo, como te lo conté.*

1.421 Toda inteligencia y belleza se desvanecen con faltas de ortografía.

1.422 La RAE acepta «alverjas» y «arvejas», «almóndiga» y «albóndiga», «murciégalo» y «murciélago». Todas ellas son válidas.

1.423 Error común: decir «voy hacer», «voy armar», «voy abrir». Lo correcto es «voy a hacer», «voy a armar», «voy a abrir».

1.424 «Adonde» es igual que «a donde».
Volví adonde (a donde) está mi casa.
¿A dónde (adónde) voy?
No sé adónde (a dónde) ir.

1.425 Leer te cambia la vida, la ortografía también.

1.426 Los signos de interrogación (¿?) y exclamación (¡!) son signos dobles en español. Es incorrecto prescindir del signo de apertura. ¡Úsalos!

1.427 ¿Cómo se dice: «es la una» o «son la una»? Lo correcto es «es la una».

1.428 ¿Cómo se dice: «impreso» o «imprimido»? Ambas formas son válidas y aprobadas por la RAE como participio del verbo «imprimir».

1.429 Un vestido, unos tacones y dos kilos de maquillaje no te hacen tan guapa como la ortografía y una linda sonrisa.

1.430 El plural de «gay» es «gais». El de «hábitat» es «hábitats». El de «ají» es «ajíes». El de «bongó» es «bongóes».

1.431 No es «interperie», es «intemperie». No es «transnochar», es «trasnochar». No es «transplante», es «trasplante».

1.432 «Elegir», «eliges», «eligen» y «elegirán» es con «g». «Elijo», «elija», «elijamos» y «elijan» es con «j».

1.433 Debido a la ignorancia y a la pereza de escribir bien, la letra «k» es la más usada en las redes sociales.
La «k» no sustituye a la «q».

1.434 Si una palabra lleva tilde, su abreviatura la conserva.
Bogotá > Btá.
Página > Pág.
Las abreviaturas llevan un punto (.) al final.

1.435 No es «escencia», es «esencia».
No es «inviscible», es «invisible».
Ambas se escriben sin «c».

1.436 No se dice «reconteo» de votos, lo correcto es «recuento» de los votos.

1.437 Esfuérzate por escribir y hablar bien; no dañes tu idioma, es la raíz de tu comunicación.

1.438 ¿Cómo se dice «ingeniero» o «ingeniera»? Refiriéndose a una mujer, se pueden emplear ambas formas.

1.439 ¿Cuándo es «echo» y cuándo «hecho»?
«Echo»: forma del verbo «echar».
Te echo de menos.
«Hecho»: forma del verbo «hacer».
No has hecho nada.

1.440 «Si» denota condición. *Si lees, serás inteligente.*
«Sí» es una afirmación. *Sí iré.*
«Sí» también se refiere a una persona. *A sí mismo.*

1.441 La mala ortografía es imperdonable y una falta de respeto hacia quien lee.

1.442 ¿Sabías que «orinar», «mear» y «miccionar» son sinónimos que significan «expeler la orina»?

1.443 Antes se tildaba la «o» cuando estaba entre números: *35 ó 20.* Según la RAE, ya no se tilda en ningún caso.

1.444 «Acabo» es de «acabar». *Acabo de cenar. Aún no acabo.* «A cabo» es como decir «a fin» (finalizar). *Llévalo a cabo.*

1.445 Se puede leer con facilidad y agrado cuando el texto está bien escrito.

1.446 No es «asinamiento», es «hacinamiento». No es «enchuflar» es «enchufar».

1.447 ¡Una letra hace la diferencia! «Asedar»: significa poner algo suave como la seda y «acedar»: poner agria una cosa.

1.448 Se escriben separadas: «de pronto», «en serio», «a través», «sin embargo», «a veces», «al menos».

1.449 La mala ortografía daña tu imagen; la gente te lee, mira el error y piensa mal de ti.

1.450 No es «transtorno», es «trastorno» sin «n» intermedia.

1.451 «Errar» es de humanos, «herrar» es de herreros. «Herror» con «h» es un horror y «orror» sin «h» es un error.

1.452 No es lo mismo «No se vino por ella» que «No sé, vino por ella». ¿Ves la importancia de las comas y tildes?

1.453 Son válidas y se usan indistintamente «concienciar» y «concientizar».

1.454 Llevan tilde las palabras llanas acabadas en grupo consonántico: bíceps, cíborg, wéstern, cómics.

1.455 Error común: confundir «cause» y «cauce». El primero es de «causar»; el segundo significa «lecho de río».

1.456 Cuidado con los pleonasmos:
Fue una sorpresa inesperada.
Si la hubieras esperado, ya no sería sorpresa, ¿verdad?

1.457 Escribe bien, preocúpate por tu imagen y considera a las personas que te leen.

1.458 «Está» se tilda cuando corresponde al verbo «estar». *Ella está enamorada; El desayuno está delicioso.*

1.459 En inglés es *80's*, pero en español debemos escribir y decir «los 80», «los años 80», «década de 1980»...

1.460 Es «hubo incidentes», no «hubieron incidentes».
El verbo «haber» es impersonal, por eso va en 3.ª persona del singular («hubo»).

1.461 El español es el idioma más bello del mundo, no lo maltratemos.

1.462 «No se»: negación + pronombre.
«No sé»: negación + forma del verbo «saber».
No sé por qué no se detiene.

1.463 «Haya» es «haber». «Halla» es «encontrar». «Allá» es un lugar.
«Haiga» es un automóvil muy grande y ostentoso.

1.464 Se recomienda usar el equivalente español «recuerdo» o la grafía adaptada «suvenir», plural «suvenires».

1.465 Con 465 millones de hablantes, el español es el tercer idioma más hablado del mundo, después del inglés y el mandarín. ¡Cuídalo!

1.466 Palabras cultas: «Arredrar»: intimidar.
El propietario arredró a los habitantes de la casa.

1.467 Error común de pleonasmo: «¡Lo vi con mis propios ojos!» Hasta donde sabemos, no se puede ver con ojos ajenos. Lo correcto es «lo vi».

1.468 No te confundas al decir «gripe» o «gripa». Ambas son correctas; la primera es más usual en España y la segunda en América.

1.469 ¿Se escribe «jalar» o «halar»? Ambas son válidas y aprobadas por la RAE.

1.470 Lo correcto es «me rayaron el automóvil», no «me rallaron el automóvil». «Rayar» es hacer rayas. «Rallar» es desmenuzar con rallador.

1.471 Los verbos «pasear», «patear», «delinear» y «alinear» se conjugan con «e» y no con «i».
Yo alineo.
Tú delineaste.
Yo pateé la silla.
Yo paseé.

1.472 Es «coreografía», no «coriografía». Es «grupo etario», no «grupo etareo». Es «absorber», no «absorver».

1.473 No se puede borrar el pasado, pero sí podemos empezar a escribir un mejor futuro.

1.474 Recuerda que el símbolo correcto que representa «horas» es «h», sin punto, pues no es abreviatura, ni «s», y separado del número. *Nos vemos a las 14 h en la casa.*

1.475 Nunca digas «se enteró que», la expresión correcta es «se enteró de que». No caigas en el queísmo.

1.476 «Inclusive»: incluye el último elemento que se nombró. «Incluso»: algo que está contenido dentro de algo, «con inclusión de».

1.477 Los mensajes con mala ortografía son mensajes desperdiciados.

1.478 Para abreviar una palabra plural debo poner dos veces la misma letra. *FF. AA. (Fuerzas Armadas). EE. UU. (Estados Unidos).*

1.479 Mejor en español: puedes sustituir el término en inglés *login* o *sign in* por la frase «inicio de sesión».

1.480 La RAE acepta y recomienda estos términos:
«Güisqui» (para whisky).
«Cederrón» (para *CD-Rom*).
«Bluyín» (para *jeans* o «pantalones vaqueros»).

1.481 Bienvenido a las redes sociales; serás juzgado por lo que escribas, por tu avatar y por tu ortografía. Disfruta de la estancia.

1.482 «Vez»: es de «veces».
«Ves»: es de «ver».
¿Lo ves o te lo explico otra vez?

1.483 El verbo «coger» se escribe con «g» en todas sus acepciones.
Las únicas conjugaciones con «j»: «cojo», «cojan», «coja», «cojas», «cojamos» y «cojáis».

1.484 Las comillas (« » o " ") son usadas para citar. El apóstrofo (') indica la elisión de una letra o cifra.
Dijo que «lo desea pa' ti».

1.485 Cuando «aspirar» adquiere el sentido de «pretender» o «desear» debe ir acompañado de la preposición «a».
Aspiro a graduarme en abril.

1.486 ¿Cuál es la correcta: «hubiéramos» o «hubiésemos»?
Ambas formas son válidas y aceptadas por la RAE; se usan indistintamente.

1.487 ¿Sabías que «apodyopsis» es el fenómeno que consiste en desnudar mentalmente a una persona?

1.488 ¿Se escribe «transbordo» o «trasbordo»?
Ambas formas son válidas y aprobadas por la RAE.

1.489 La mala ortografía es el mal aliento virtual, por muy bonitas que sean tus palabras, nadie las quiere aguantar.

1.490 «Pernoctar» es pasar la noche fuera del propio domicilio. Decir «pernoctar fuera» es un pleonasmo o redundancia.

1.491 No es lo mismo decir: «Matar a una persona no es delito» que «¿Matar a una persona? ¡No! ¡Es delito!» ¿Ves la importancia de los signos?

1.492 ¿Es válido tildar las palabras en mayúscula? No solamente es válido, es obligatorio; no hacerlo es un error ortográfico.

1.493 Palabras cultas. «Admonición»: amonestación, reconvención. *Se le dio una admonición debido a su comportamiento.*

1.494 La abreviatura de «atentamente» no es «att.» ni «at.», es «atte.».

1.495 ¿Sabías que en el Diccionario de la Real Academia Española aparecen las palabras «murciégalo», «toballa», «requetebién» y «bebestible»?

1.496 Los días de la semana, meses y nacionalidades no se escriben con mayúscula inicial. *La mexicana vendrá el primer viernes de junio.*

1.497 En las discusiones gana el que aprende.

1.498 No digas «lapso de tiempo», es un pleonasmo. Solo di «lapso»: tiempo entre dos límites.

1.499 Recuerda que es «prever» y no «preveer»:
Yo preveo.
Tú prevés.
Él prevé.
«Proveer» sí se conjuga con doble «E».
Tú provees.
Él provee.

1.500 No hay que confundir «cabe» con «cave», del verbo «cavar».
No cabe la menor duda.
No cave en ese sector del campo.

1.501 Contra la ignorancia no hay nada mejor que la lectura.

1.502 Si la palabra tiene «s» la conserva en su diminutivo.
paso > pasito
vaso > vasito
hueso > huesito

1.503 Si la palabra no tiene «s», su diminutivo será con «c».
puerta > puertecita
botón > botoncito
amor > amorcito
mamá > mamacita

1.504 Si la palabra tiene «z», esta se convierte en «c» en su diminutivo.
arroz > arrocito
tenaza > tenacita
panza > pancita

1.505 La ortografía es un arma de seducción masiva.

1.506 No hay que confundir: «Hablando»: gerundio de «hablar». *Estoy hablando contigo.* «Ablando»: presente de «ablandar». *Yo ablando mi almohada.*

1.507 ¿Cómo se dice «briegue» o «bregue»? «Bregue», de «bregar» (luchar con los riesgos, trabajos o dificultades para superarlos).

1.508 «Si no» introduce una oración condicional. *Si no lees, no aprenderás.* «Sino» es una conjunción adversativa. *No trabaja, sino que estudia.*

1.509 ¿Es correcto decir «médica»? Refiriéndonos a una mujer, podemos decir «médico» o «médica».

1.510 Quien tiene por oficio abrir las sepulturas y sepultar a los muertos es «sepulturero», no «sepultero».

1.511 Los hombres con mala ortografía buscan el punto «j».

1.512 Es incorrecto decir «nos lo suponemos». Lo correcto es «lo suponemos».

1.513 Cuando veas en algún libro la palabra «ídem», recuerda que significa «igualmente, de la misma forma» al escribir.

1.514 Se llaman hipocorísticos las palabras utilizadas para acortar nombres propios, que denotan familiaridad y afecto, como «Toño» o «Pepe».

1.515 Escribir bien es tan bonito que enamora, y escribir mal, decepciona.

1.516 Palabras cultas:
«Requiebro»: galantería, piropo.
A pesar de los requiebros, no conquistó su amor.

1.517 Lo correcto es «superstición», no «supertición».

1.518 Superlativos válidos y aceptados por la RAE que poseen «ie» o «ue» en su raíz:
fortísimo / fuertísimo
novísimo / nuevísimo
ternísimo / tiernísimo

1.519 Por el solo hecho de escribir sin faltas de ortografía, ya eres defensor del idioma español.

1.520 ¿Sabías que las palabras derivadas de nombres propios se llaman patronímicas, como «Martínez», derivada de «Martín»?

1.521 Si eres de los que dice «enchufle» y «enchuflar», mejor desconéctate. Lo correcto es «enchufe» y «enchufar».

1.522 «Rebasar»: exceder un límite, adelantar.
«Rebosar»: dicho de un líquido, derramarse sobre los bordes.
La gota que rebosó la copa, no «rebasó».

1.523 Mientras haya personas interesadas en hablar y escribir correctamente, el esfuerzo valdrá la pena.

1.524 Error común: decir «intérvalo» como esdrújula.
Lo correcto es «intervalo», voz llana con acento de intensidad en la «a».

1.525 No se puede perder la fe. «Fe» nunca lleva tilde.

1.526 No hay que confundir: «Cegar»: quitar la vista a alguien. «Segar»: interrumpir algo de forma violenta y brusca.

1.527 A la hora del amor, las tildes son de vital importancia: entre «lastima» y «lástima» hay 15 cm de diferencia.

1.528 «Funcionario público» es redundancia, dado que «funcionario» significa «empleado público».

1.529 Los nombres de los países son «Corea del Norte» y «Corea del Sur». Nunca digas «Norcorea» o «Surcorea».

1.530 El momento del día en que el sol está en el punto más alto es «mediodía», una sola palabra.

1.531 Si cuidar la ortografía te parece un disparate, dispárate.

1.532 ¿Se dice «aruñar» o «arañar»? Ambas son válidas y aceptadas por la RAE. Significan «herir ligeramente la piel con las uñas».

1.533 ¿Sabías que la «apeirofobia» es el miedo al infinito?

1.534 Error común: escribir «absorver». Lo correcto es «absorber». Se escribe ambas con «b».

1.535 El mundo está lleno de libros preciosos que nadie lee.

1.536 *Ex abrupto* se escribe separado y significa «de improviso».

1.537 Las explosiones causan «ondas expansivas», no «explosivas».

1.538 Lo correcto es «amueblar», pero también es válida, aunque menos usada, la forma «amoblar».

1.539 Ante ciertos libros, uno se pregunta: ¿quién los leerá? Y ante ciertas personas uno se pregunta: ¿qué leerán?

1.540 Ni «pie», ni «pies» llevan tilde, pero sí cuando forman parte de otras palabras. *Puntapié, balompié, tentempié, ciempiés, buscapiés.*

1.541 El vocablo «mí» se tilda cuando se utiliza como pronombre personal. *A mí me gusta leer.*

1.542 No hay que confundir «izo» con «hizo»: «Izo»: forma del verbo «izar». «Hizo»: forma del verbo «hacer». *Él izó la bandera por todo lo que hizo.*

1.543 Un lector vive mil vidas antes de morir; el que no lee, solamente vive una.

1.544 No hay que confundir «asar» con «azar»: «Asar»: someter ciertos alimentos a la acción del fuego. «Azar»: probabilidad.

1.545 El «que» no se escribe con tilde en las expresiones de deseo.
Que duermas.
Que tengas suerte.
Que hoy no llueva.
Que seas feliz.

1.546 No hay una palabra que después de la sílaba «tur» lleve una «v»; siempre es «b». *Turbina, disturbio, perturbar, turbulento, turbante.*

1.547 Los teléfonos serán inteligentes el día en que te digan: «Yo que tú no enviaría ese mensaje con ese error ortográfico ».

1.548 Es muy fácil caer en estas redundancias, evítalas:
«Recuperarse favorablemente».
«Opción alternativa».
«Totalmente lleno».

1.549 «Has» es una conjugación del verbo «haber» para la segunda persona del singular. *Has pasado el examen.*

1.550 «Allí» designa un lugar lejos de ti y equivale a «en aquel lugar». *No te sientes allí, ven con nosotros.*

1.551 Mujeres, la ortografía es un arte y embellece más que el maquillaje.

1.552 Se escribe «ha» cuando es una forma del verbo «haber», en un verbo compuesto. *Ha cenado; ha sucedido.*

1.553 Lo correcto es «Voy a ver cómo lo están pasando». Nunca escribas «Voy haber cómo la están pasando».

1.554 Sustantivos ambiguos en cuanto al género:
el / la maratón
el / la azúcar
el / la sartén
el / la alerta
el / la armazón
el / la mar
Entre otros.

1.555 La felicidad no se compra, pero puedes comprar libros y eso es básicamente lo mismo.

1.556 ¿Sabías que Corín Tellado, escritora española de género rosa, es la autora más leída después de Miguel de Cervantes y Saavedra?

1.557 Es igualmente correcto decir «antier» y «anteayer».

1.558 Palabras cultas. «Tergiversar»: dar una interpretación errónea a algo. *Tergiversó la información a su conveniencia.*

1.559 Con excepción de «hevea», siempre va una «b» después de las sílabas iniciales «ha-», «he-», «hi-» y «hu-». *Habano, hebilla, hibernar, hubo.*

1.560 ¡Abreviar depende de un símbolo! «a» se utiliza para abreviar «área», pero si la colocas entre paréntesis, se usa para abreviar «alias» (a).

1.561 El tiempo verbal «habemos» es incorrecto. Sustitúyelo por «somos».

1.562 «Cómo» se escribe con tilde en preguntas (directas e indirectas) y en exclamaciones. *¿Cómo llego?; No sé cómo llegar; ¡Cómo te quiero!*

1.563 La ortografía no encaja en modas.

1.564 ¿Hablas de la manera de ser que caracteriza a una persona o a una colectividad? Entonces di «idiosincrasia»; nunca «ideosincrasia».

1.565 Cuando se repite una vocal que se escribe con tilde, todas se tildan. *¡Buen díííía! ¿Quéééé? ¡Cuidado con el camióóóón!*

1.566 Palabras cultas: «Aburar»: quemar completamente. *Los campos fueron aburados por un irresponsable.*

1.567 Leer no engorda, pone a dieta a la ignorancia.

1.568 Se escriben con «c» los verbos terminados en «-cer». Excepto: toser, coser, ser.

1.569 No hay que confundir «lívido», que significa «muy pálido», con «libido», término que se refiere al deseo sexual.

1.570 «Debe de» indica posibilidad. *Debe de estar en casa.* «Debe» denota obligación, seguridad. *Debe hacerlo bien.*

1.571 Escribir bien no es solamente una vocación, es una forma de ser; la forma de escribir dice mucho de una persona.

1.572 ¿Cómo es lo correcto: «jamaiquino» o «jamaicano», «brasilero» o «brasileño»? Todas son válidas y aceptadas por la RAE.

1.573 ¿Sabías que al punto cardinal «norte» también se le conoce como «septentrión»?

1.574 Palabras cultas: «Morigerado»: que es de buenas costumbres.
La gente morigerada siempre dice «por favor» y «gracias».

1.575 El arte de escribir y hablar bien consiste en decir mucho con pocas palabras.

1.576 Se escribe «mas», sin tilde, cuando es sinónimo de «pero».
Estoy cansado, mas no quiero ir a dormir.

1.577 Si la palabra lleva «s», su diminutivo será con «s». Si lleva «z», u otra letra, su diminutivo será con «c».

1.578 Si quiere expresar que se ha dado un cambio drástico, no digas «giro de 360°», ya que significa que volvió a su punto de partida. Di «un giro de 180°».

1.579 Los errores tienen que servir de motivación y no de excusa.

1.580 No hay que confundir: «Antisocial»: contrario, opuesto a la sociedad, al orden social. «Asocial»: que no se integra o vincula al cuerpo social.

1.581 En plural «las alas», en singular «el ala». Las palabras femeninas que empiezan por «a» o «ha» tónicas cambian el artículo singular «la» por «el».

1.582 No hay que confundir:
«Infligir»: causar daño o imponer un castigo.
«Infringir»: quebrantar las leyes.
Son parecidas, pero no significan lo mismo.

1.583 Leer te llena, pero no engorda.

1.584 No escribas «depronto», lo correcto es «de pronto».
No escriba «nisiquiera», lo correcto es «ni siquiera».

1.585 No hay que confundir:
«Asta»: palo en cuyo extremo se pone una bandera.
«Hasta»: término de tiempo, lugares o cantidades. *Leo hasta aquí.*

1.586 «Piropo» viene del griego *pyropus*, que significa «rojo fuego».

1.587 La ortografía no define tu inteligencia, pero da una idea de lo que eres.

1.588 *Delírium trémens*: delirio caracterizado por una gran agitación y alucinaciones, que sufren los alcohólicos crónicos.

1.589 No digas «mas sin embargo» o «pero sin embargo», es una redundancia unir estos términos. Utilízalos por separado.

1.590 No agregues «s» final a las palabras «escuchaste», «sentiste», «viniste», «comiste».
¡Son vulgarismos que no deben ser dichos!

1.591 La mala ortografía es una enfermedad extraordinaria, no es el enfermo el que sufre por ella, sino los demás.

1.592 «Clarificar»: acción química para hacer que algo turbio se vuelva más claro. Nunca digas «clarificar la situación». Di «aclarar la situación».

1.593 No hay que confundir «reciente», de «recién», con «resiente», del verbo «resentir». Ambas formas existen, pero sus significados son muy diferentes.

1.594 No es «agusto», lo correcto es «a gusto». No es «derrepente», lo correcto es «de repente».

1.595 Una persona con mala ortografía siempre va a tener un plan «v».

1.596 Se escriben con «v» las palabras que comienzan con «clav-» y «salv-». *Clavo, clave, salvavidas, salvaje, clavel, clavija, salvados.*

1.597 Se escriben con «b» las palabras que empiezan o terminan con «bio», que significa «vida». *Biología, biografía, microbio.*

1.598 «Echo» es una forma del verbo «echar». *Yo echo la basura en su lugar.* «Hecho» es una forma del verbo «hacer» y un sustantivo que significa «algo que ha sucedido». *Tu sueño ya es un hecho.* «Hechar» NO existe.

1.599 La ortografía es a la escritura, lo que el Photoshop es a las fotos. Si se sabe usar, puede hacer ver bonita cualquier cosa.

1.600 No se dice «haiga», lo correcto es «haya».

1.601 En los plurales de «régimen» y «espécimen», las tildes cambian de lugar: «regímenes» y «especímenes». Error común: decir y escribir «régimenes» y «regímen».

1.602 «Abra / abre»: verbo «abrir». «Habrá / habré»: verbo «haber». *¿Habrá alguien que abra la puerta? Abre la puerta. ¿Habré abierto la puerta?*

1.603 La importancia de ser coherente en lo que se pregunta: *Le dice el zapatero a un cliente: —¿Qué número calza de pie? —El mismo que sentado.*

1.604 Se escriben con «v» palabras que comienzan por «vice-» y «villa-». *Vicerrector, villancico.* Excepciones: «bíceps», «billar».

1.605 Se escriben con «b» las palabras que contienen el grupo consonántico «bl», *Tiembla, tembló, habla, cable.*

1.606 Solamente es válido decir «la final» para referirse a la última y decisiva competición en un campeonato o concurso.

1.607 La mala ortografía es a la escritura lo que el mal aliento es al hablar: la gente entiende, aunque apeste.

1.608 En pasado, el verbo «andar» se dice «anduve», «anduviste» o «anduvimos». Jamás digas «andé», «andaste» o «andamos».

1.609 «EE. UU.» y «RR.HH.» tienen repetida cada letra para indicar que cada palabra está en plural.

1.610 No hay que confundir «desecho», que significa «residuo», con «deshecho», forma del verbo «deshacer».

1.611 Cuando se lee poco, se dispara mucho; increíble, pero cierto.

1.612 «Cuándo» es un adverbio interrogativo o exclamativo de tiempo. *¿Cuándo vendrás?; ¡Cuándo será eso!*

1.613 «A» es preposición. *¡Voy a aprender!* «Ha» es del verbo «haber». *Ha sido confuso.* «Ah» es una interjección. *¡Ah!, ya entendí.*

1.614 Se escribe «v» después de «d» y «n». *Invierno, envidia, convulsión, convivir, invitar, invento, envejecido, advertencia, invicto.*

1.615 Leer expande, engrosa, robustece, maximiza y mejora notablemente tu ortografía.

1.616 «Abrasar» significa «reducir a brasa, quemar». Así que ten cuidado cuando le pidas a alguien que te «abrase». En ese caso es «abrazar».

1.617 No hay que confundir «absorber», que significa «beber aspirando» o «consumir enteramente», con «absolver», que quiere decir «liberar de algún cargo».

1.618 Palabras cultas: «Adamar»: intentar enamorar a una persona. *Él quiso adamar a la mujer, pero no tuvo éxito.*

1.619 Ni «acsequible», ni «axequible», ni «acxequible», se escribe «asequible»: adj., que puede conseguirse o alcanzarse.

1.620 Las cosas son gratis o tienen un costo. Decir «totalmente gratis» es incorrecto. Lo correcto es «gratis».

1.621 ¿Cómo se dice: «la concejal» o «la concejala»? Refiriéndote a una mujer, puedes decir «concejal» o «concejala».

1.622 El plural de la sigla «TIC» se forma con el artículo: «las TIC», «esas TIC», «algunas TIC». No escribas «TICS», ni «TICs» y menos «TIC's».

1.623 Leer es bueno para la cultura general, pero se ha demostrado que también sirve para ejercitar el cerebro.

1.624 Se escribe «mas», sin tilde, cuando funciona como «pero»; en los demás casos va «más».

1.625 Si dices «refuerzo», ¿por qué dices «forzo»? Los verbos «reforzar» y «forzar» se conjugan como «contar». *Yo fuerzo la puerta.*

1.626 Se escriben con «b» las palabras que contienen el grupo consonántico «br». *Brasa, breve, cobra, cubre, brote, bruto, colibrí, abrupto.*

1.627 La importancia de la coma, la importancia de la novia: «No tengo novia». «No, tengo novia».

1.628 Palabras cultas:
«Letífico»: que alegra, anima o estimula.
Su bondad y sentido del humor son letíficos para todo el mundo.

1.629 Hablar y escribir correctamente
demuestra respeto hacia las personas a las que nos dirigimos, también demuestra respeto por uno mismo.

1.630 Palabras aceptadas por la RAE:
«biministro», «blog», «bloguero», «chat», «chatear», «espanglish», «friki», «manga», «SMS», «sushi» y «USB».

1.631 «Sabelotodo» es quien presume de ser sabio sin serlo. Se usa tal cual para ambos géneros:
Es un / una sabelotodo cualquiera.

1.632 No hay que confundir «habría» / «habrá»,
del verbo «haber», con «abría» / «abra», del verbo «abrir».

1.633 *¡Haz* (verbo hacer) *la jugada! Nos has*
(verbo haber) *hecho trampa todo el tiempo, guardando el as* (baraja) *en la manga.*

1.634 El pronombre personal «tú» lleva tilde;
el determinante posesivo «tu», no.
Tú me gustas, quiero ser tu novio.

1.635 El tequila tomó su nombre del municipio donde tuvo
su origen. Y aunque estés muy ebrio, se dice «el tequila», no «la tequila».

1.636 ¿Una persona es «zarpada»
o «sarpada»?
Lo correcto es «sarpada».
«Sarparse» es «pasarse», «atreverse», «excederse».

1.637 La palabra «airbag» es válida en español,
en inglés se dice *air bag*. En español «antidopaje», en inglés *antidoping*.

1.638 Los nombres de los días de la semana
y de los meses no deben escribirse con letra mayúscula inicial.

1.639 Los mensajes no solamente exigen
ortografía, sino también creatividad para resumirlo todo en poco espacio.

1.640 Se escribe con «ll», si se puede sustituir «hallar» por «encontrar». *Hallan* (encuentran), *halla* (encuentra), halló (encontró), *hallo* (encuentro).

1.641 Es un error separar las comas y los signos «?» y «!» de la palabra que les precede. Es «Hola, ¿cómo estás?», no «Hola, ¿ cómo estás ?».

1.642 Para expresar duda o ironía: (?). Sorpresa: (!). Si el sentido es interrogativo y exclamativo a la vez: ¿¡Cómo!? ¡¿Cómo?!

1.643 Sin signos de puntuación no se entiende lo que se escribe.

1.644 Error común de pleonasmo: «Cita previa». Una cita siempre tiene que haber sido previamente acordada. Lo correcto es decir «cita» solamente.

1.645 NO TILDAR LAS MAYÚSCULAS ES UNA FALTA DE ORTOGRAFÍA; NO ESTOY GRITANDO, SOLO EJEMPLIFICO.

1.646 ¿Cómo es: «periodo» o «período»? Ambas son válidas y aprobadas por la RAE.

1.647 No porque se escriba con ortografía y redacción se está exento de decir estupideces.

1.648 No digas «se volca». Lo correcto es «se vuelca», del verbo «volcar».

1.649 «Hacia» denota dirección. «Hacía» es del verbo «hacer». «Asia» es un continente. *No sé qué hacía cuando iba hacia Asia.*

1.650 «Acá» indica «en este lugar o cerca de él», «a este lugar o cerca de él». No es tan explícito como «aquí».

1.651 *Whatever* ha sido votada como la palabra más molesta del mundo durante tres años consecutivos.

1.652 Hablar y escribir correctamente evita malas interpretaciones del mensaje que queremos transmitir.

1.653 No es «eruptar», es «eructar».
No es «interperie», es «intemperie».
No es «transplante», es «trasplante».

1.654 ¿Cómo es: «horita» o «ahorita»?
«Ahorita» es diminutivo de «ahora». *Ahorita comemos.*
«Horita» es diminutivo de «hora». *Comemos en una horita.*

1.655 En las redes sociales, escribir bien se vuelve la carta de presentación de las personas.

1.656 Algunas palabras que muchos escriben con tilde y no la llevan: «volumen», «sola», «eso», «caracteres», «incluido», «influido», «construido», «altruismo», «examen», «imagen», «estoico», «origen», «joven», «margen», «resumen», «dio», «vio», «fue».

1.657 «Redundancia»: repetición innecesaria de conceptos. *Te vuelvo a reiterar.*
La forma correcta es «te reitero».

1.658 «Has», de «haber», acompaña verbos en participio. *Has comido; Has hecho.*
«Haz», de «hacer», da órdenes. *Haz la tarea; Haz la comida.*

1.659 «Viste» es del verbo «ver» y «vistes», del verbo «vestir».
Hoy vistes de color azul.
Ya llegó Jorge, ¿lo viste?

1.660 Para la conjugación del verbo «suponer» nunca digas «haya suponido». Lo correcto es «haya supuesto».

1.661 No hay que confundir:
«Reciente», de «recién», con «resiente», de «resentir».
«Rebelar», de «sublevar», con «revelar», de «descubrir».
«Meces», de «mecer», con «meses», de «mes».

1.662 Nunca digas «apreta». Lo correcto es «aprieta», de «apretar».

1.663 No solamente importa qué escribes, sino cómo lo escribes.

1.664 ¿Cómo se dice: «díselo» o «dicelo»?
Lo correcto es «díselo», imperativo del verbo «decir».

1.665 Recuerda que es gramaticalmente correcto usar el masculino para plurales que hablan de los dos géneros.

1.666 Es correcto decir «de 2015» o «del 2015».
En la datación de cartas y documentos formales, se recomienda «de 2015».
24 de mayo de 2015.

1.667 No es lo mismo «hacer lo mejor» que «hacerlo mejor». ¡Escribe bien!

1.668 ¿Cuál es el diminutivo de «caliente»?
Son válidas y aprobadas por la RAE «calientico», «calentico», «calientito» o «calentito».

1.669 ¿Es correcto decir «No tengo nada» y «No vino nadie»?
Sí, en español la doble negación es válida y necesaria.

1.670 ¿Cómo se dice: «pudiendo» o «podiendo»?
Lo correcto es «pudiendo», de «poder».

1.671 No es lo mismo «Te deseo una noche hermosa» que «Te deseo una noche, hermosa».
¿Ves la importancia de la coma para pasar una buena noche?

1.672 Ten cuidado al decirle a una mujer «malparida» si no sabes qué significa esta palabra.
«Malparida»: mujer que hace poco malparió, es decir, abortó.

1.673 La palabra «calor» proviene del latín *calor, ōris,* que significa literalmente «fiebre de calor».
Recuerda que es «el calor», no «la calor».

1.674 Son válidas y aceptadas por la RAE: «fútbol» y «futbol»
«cardiaco» y «cardíaco»
«periodo» y «período»
«policiaco» y «policíaco»

1.675 Hay una parte del cerebro que te hace sonreír cuando ves a una persona leyendo un libro que ya leíste.

1.676 «Mí»: pronombre de 1.ª persona.
«Mi»: adjetivo posesivo.
Sé que confías en mí, pero no fue mi culpa.

1.677 No digas «se enteró que»; la expresión correcta es «se enteró de que».
No caigas en el queísmo.

1.678 ¿En qué casos la conjunción «o» lleva tilde?
Según la RAE, ya no se tilda en ningún caso, ni siquiera entre números.

1.679 Palabras cultas.
«Felonía»: traición, deslealtad. *Fue inesperada la felonía que cometió el político con su pueblo.*

1.680 ¿Cómo se dice: «respondido» o «respuesto»?
Lo correcto es «respondido», de «responder».

1.682 «Por qué» es para preguntar.
«Porqué» es un sustantivo.
«Porque» es para responder.
«Por que» es una preposición más un pronombre o una conjunción.

1.681 Nunca digas «Apoyo la noción». Lo correcto es «Apoyo la moción».

1.683 Ejemplos del punto anterior:
¿Por qué te fuiste?
Porque tú no me dijiste el porqué de tu tristeza.
Preocúpate por que hagamos algo.

1.684 La naturaleza del idiota es atacar lo que no entiende.

1.685 ¿Cómo se dice: «trastornar» o «transtornar»?
Lo correcto es «trastornar».

1.686 ¿Cómo es lo correcto: «Qué voy a hacer» o «Qué voy hacer»? Lo correcto es «qué voy a hacer» o «qué haré».

1.687 ¿Cómo se dice: «lamer» o «lamber»? Ambas son válidas, pero «lamber» es sinónimo de «adular», es decir, hacer o decir lo que se cree que agradará.

1.688 Por el grosor del polvo en los libros de una biblioteca pública puede medirse la cultura de un pueblo.

1.689 ¿Es «septiembre» o «setiembre»? ¿Es «siquiatra» o «psiquiatra»? Todas son válidas y aprobadas por la RAE.

1.690 ¿«Zombie» o «zombi»? Para cualquier lugar donde se hable español: «zombi». *Zombie* es la forma para el inglés.

1.691 «Provida» es la forma adecuada de escribir el término que significa «a favor de la vida», sin añadir guion ni espacio entre «pro» y «vida».

1.692 La «h» es muda, no invisible. Algunas de las cosas más importantes en la vida se escriben con «h»: «humildad», «honestidad», «hijo», «hermano», «humor».

1.693 Se llama «capicúa» a un número que se lee igual de izquierda a derecha, que de derecha a izquierda. *1991, 525, 333.*

1.694 Un «hecho» es algo que literalmente sucedió; en este sentido, «hecho real» es un pleonasmo.

1.695 «Divisor/ra»: cantidad por la cual ha de dividirse otra; submúltiplo. «Divisorio/ria»: que sirve para dividir o separar.

1.696 Lo correcto es «legitimar», no «legitimizar», que significa probar algo conforme a las leyes.

1.697 ¿Cómo se dice: «trasmitir» o «transmitir»? Ambas son válidas y aprobadas por la RAE.

1.698 No escribas «niñ@s» ni digas «niños y niñas». Simplemente digas «niños», eso incluye ambos sexos.

1.699 «Ha» es del verbo «haber». «A» es una preposición. «Ah» es una interjección. *Ha venido a verme muy furioso; ¿qué quiere, ah?*

1.700 El orden de las palabras sí importa: no es lo mismo «un niño pobre» que «un pobre niño».

1.701 ¿Se escribe «rechace» o «rechaze»? Lo correcto es «rechace», de «rechazar».

1.702 No existen los verbos «aperturar» y «agendar», su uso es un error.

1.703 «A» + «el» = «al». Lo correcto es «Vamos al cine». Nunca digas «Vamos a el cine».

1.704 Cuando paras de aprender, paras de crecer.

1.705 Palabras como «arte» y «agua» son términos masculinos en singular y femeninos en plural. *el arte / las artes* *el agua / las aguas*

1.706 No te compliques con el verbo «argüir», en presente se conjuga de dos formas: «yergo» o «irgo».

1.707 «Demás» significa «otras personas o cosas» y la construcción adverbial «de más» significa «de sobra o en demasía».

1.708 La palabra «dondequiera» significa «en cualquier parte» y se escribe en una sola palabra. También se puede usar la forma «doquier».

1.709 ¿Cómo se dice: «procrastinación» o «procastinación»?
Lo correcto es «procrastinación», que significa «diferir» o «aplazar».

1.710 «Delen» es incorrecto, lo correcto es «denle» (acción de dar). Tampoco es válido «demen», debe usarse «denme».

1.711 No es «desestimiento».
Lo correcto es «desistimiento».

1.712 Todo el mundo sabe hablar y criticar, pocos saben escribir, escuchar y entender.

1.713 ¿Es «posgrado» o «postgrado»?
Ambas son válidas y aprobadas por la RAE.

1.714 Nunca digas «hechar de menos».
Lo correcto es «echar de menos».
Recuerda que «echar», echa la «h».

1.715 Son válidas y aceptadas por la RAE:
«transcurso» y «trascurso»
«transmitir» y «trasmitir»
«transportar» y «trasportar»

1.716 Es increíble cómo puede cambiar tu vida cuando decides cambiar un pensamiento.

1.717 Es «primera vez», no «primer vez».
Es «el agua», no «la agua».
Es «el calor», no «la calor».
Es «contigo», no «sin ti».

1.718 ¿Será necesario explicar la diferencia que marca la tilde de la palabra «mamá»? ¿Ves la importancia de las tildes?

1.719 ¿Sabías que la palabra «apoquinar» existe? Significa «pagar o cargar, generalmente con desagrado, los gastos que a uno le corresponden».

1.720 Si alguien te dice «te kiiErO», no le creas; si te manda un «BeXote», no sabe besar.

1.721 «Tu»: adjetivo posesivo. *Tu hijo; tu casa.*
«Tú»: pronombre personal.
Fuiste tú; Ahí estabas tú.
Tú y tu hijo sois hermosos.

1.722 No es lo mismo «se calló» que «se cayó».
«Calló»: de «callar».
«Cayó»: de «caer».

1.723 Una palabra que lleva tilde, también debe llevarla si se escribe en mayúscula, SIN EXCEPCIÓN.

1.724 Valor es lo que se necesita para levantarse y hablar; pero también es lo que se requiere para sentarse y escuchar.

1.725 Lo correcto es «al final» si se trata de la expresión sinónima de «finalmente», no «a la final».

1.726 «Mentecato» viene de *mentecapto*, que a su vez viene del latín *mente captus*, que significa «falto de mente».

1.727 El «pelo» nace y crece en los poros de la piel, en el cuerpo; el «cabello», en la cabeza, y el «vello», en el cuerpo (siendo más suave y corto).

1.728 Hay personas que, con su físico y carisma, encantan; pero con su mala ortografía, espantan.

1.729 «Ginecocracia», que significa «el gobierno de las mujeres», es una palabra poco usada.

1.730 «He»: de haber.
«E»: conjunción en lugar de «y» para evitar cacofonía con la «i».
He pensado en tus argumentos e insisto, hay que leer.

1.731 «Aquí» indica lugar, cerca del hablante.
«Ahí», cerca del oyente.
«Allí», lejos de ambos.

1.732 Error común: nunca digas «Cada que voy», «Cada que como». Lo correcto es «Cada vez que voy», «Cada vez que como».

1.733 ¿Sabías que la palabra «acecinar» existe? Significa «salar las carnes y ponerlas al humo y al aire para que, secas, se conserven».

1.734 «Tiempo de descuento» y «tiempo añadido» son válidas, ya que se añaden unos minutos que antes se habían descontado.

1.735 Leer un libro y tener que releer un párrafo una y otra vez porque tus pensamientos te distraen.

1.736 Para el verbo «venir», lo correcto es «vinimos» en pasado y «venimos» en presente. *Ayer vinimos, pero hoy venimos con más ánimo.*

1.737 Se dice que la palabra distingue a las personas de las bestias, pero es la palabra la que revela a veces la bestialidad de algunas personas.

1.738 «Cochitril» viene de *cocho*, «cerdo», y *cortil*, «corral»; de ahí que signifique «habitación estrecha y sucia». También se dice «cuchitril».

1.739 Se escribe siempre «m» antes de «b» y de «p», nunca «n». *Tiempo, campo, temblar, embarcar.*

1.740 «Tuve»: del verbo «tener». «Tube»: NO existe.

1.741 Hay que leer mucho para hablar y escribir correctamente.

1.742 Lo correcto es decir «buen apetito» antes de empezar la comida y «buen provecho» al finalizar.

1.743 Hablar y escribir bien es sinónimo de inteligencia, cultura y respeto.

1.744 La palabra «ridículo» deriva del latín *ridere*, «reír». De ahí que lo ridículo es lo que puede provocar risa por su extravagancia o rareza.

1.745 No es «la apariencia», es «la esencia». No es «el dinero», es «la educación». No es «lo que escribes», es «cómo lo escribes».

1.746 «Qué», con tilde, se usa para preguntas directas e indirectas o para expresar admiración. *¿Qué pasó?; No sé qué tienes; ¡Qué lindo!*

1.747 Palabras cultas. «Ludibrio»: escarnio, desprecio, mofa. *A muchos políticos deberían someterlos al ludibrio público.*

1.748 «Aquí», «ahí» y «allí» aluden a localizaciones muy específicas, mientras que «acá» y «allá» se refieren a áreas o zonas.

1.749 ¿Pobres? Pobres los que tienen lengua larga y cerebro corto.

1.750 El término «recóndito» proviene del latín *reconditus*, que significa «fundar, esconder u ocultar».

1.751 El término «letológica» describe el estado de no ser capaz de recordar la palabra que estás buscando.

1.752 Error común: decir «Ya le dije a los niños que vinieran». Lo correcto es «Ya les dije a los niños que vinieran». «Les» se refiere a «ellos».

1.753 Escribir mal no debe ser vergonzoso, lo que debe dar pena es no querer aprender a escribir bien.

1.754 «Deuterofobia» es el miedo persistente, anormal e injustificado a los lunes.

1.755 Error común de pleonasmo: «divisas extranjeras». Las divisas son las monedas extranjeras, no hace falta especificarlo. Se dice «divisas».

1.756 «Ortografía»: forma correcta de escribir. Se puede decir «mala ortografía» o «cacografía». No digas «buena ortografía», es un pleonasmo.

1.757 Si no sabes la diferencia entre «hecho» y «echo» mereces que te «echen».

1.758 Los miembros de un «concejo» (corporación municipal) son concejales; los de un «consejo» (órgano para asesorar o tomar decisiones), consejeros.

1.759 Las palabras «whiskey», de origen gaélico, y «vodka», de origen ruso, significan respectivamente «agua de vida» y «agüita».

1.760 Antes de aprender a leer y escribir se debería aprender a escuchar y entender.

1.761 Es «durmiendo», no «dormiendo». Es «dijera», no «dijiera». Es «nieva», no «neva». Es «riego plantas», no «rego plantas».

1.762 «A» es preposición. *¡Voy a aprender!* «Ha» es del verbo «haber». *Ha sido confuso.* «Ah» es una interjección. *¡Ah!, ya entendí.*

1.763 Error común: hacer las preguntas en tiempo pasado. *¿Quería saber? ¿Quería preguntarle?* Lo correcto es «¿Quiero saber?» «¿Quiero preguntarle?»

1.764 ¿Cuándo se utiliza el «y/o»? Se desaconseja su uso, pues la conjunción «o» es incluyente.

1.765 Desde el 2010 se eliminó la tilde de «sólo». Lo correcto es decir «solamente» o «únicamente», y si no, directamente «solo».

1.766 Se recomienda utilizar «wasap» y «wasapear» para acciones relacionadas con la aplicación WhatsApp.

1.767 La «k» no sustituye a la «q». Se ha vuelto común esta mala costumbre.

1.768 ¿Sabías que «verraco» significa «persona desaseada, despreciable por su mala conducta. Persona tonta, que puede ser engañada con facilidad»?

1.769 La ignorancia es atrevida, primero hay que aprender para después poder criticar algo, pero con argumentos.

1.770 Las personas resultan más bonitas e interesantes con un buen libro en las manos.

1.771 «Demasiado poco» no es una contradicción, quiere decir que la escasez de algo es mayor de lo que cabría esperar o suponer.

1.772 Palabras cultas. «Espurio»: bastardo, que degenera de su origen o naturaleza. Falso, engañoso.

1.773 En los diptongos «ia» («hia»), «ie» («hie»), «io» («hio») se mantiene la forma «y»; no se cambia por «e». *Agua y hielo.*

1.774 No confundir: «En torno»: acerca de, en relación con, aproximadamente. «Entorno»: ambiente, lo que rodea.

1.775 Tanto «papa» como «santo padre», «sumo pontífice» o «romano pontífice» se escriben en minúscula.

1.776 Cinco tiene cinco letras. Ningún otro número escrito en español presenta esta coincidencia de tener tantas letras como expresa su cifra.

1.777 No uses saliva para pasar las páginas de un libro. Las bacterias contribuyen a su deterioro.

1.778 «Reciente» es de «recién». «Resiente», de «resentir». ¡No hay que confundirlos!

1.779 «Saciedad semántica»: repetir una palabra una y otra vez hasta que esta pierda todo su significado y comience a sonar raro.

1.780 Aunque estén separados, «exesposo» y «exnovio» se escribe junto.

1.781 La importancia de una tilde:
—Su currículo está perfecto, señorita. Una pregunta más, ¿cómo está de ingles?
—Totalmente depilada.

1.782 «Chisme» viene del latín *schisma*, y este del griego *sxisma*, que significa «escisión», «separación». Los chismosos mueren solos y sin amigos.

1.783 No es «yogurt», «yoghurt», «yogourt» ni «yoghourt». Lo correcto es «yogur», y su plural, «yogures».

1.784 Sí, es correcta la doble «n» en construcciones como «sígannos», «búsquennos», «espérennos», «llámennos», «hágannos», «coméntennos».

1.785 No sé qué es de peor educación, si hablar con la boca llena o con la mente vacía.

1.786 «Guion», «solo» y «esta» ya no llevan tilde en ningún caso. «Está» se escribe con tilde cuando se refiere a «estar».

1.787 «Zopo» es una persona que tiene torcidos los pies o las manos, de ahí que, figuradamente, «zopenco» signifique «tonto» o «abrutado».

1.788 Recuerda esto: el punto va siempre después de las comillas de cierre. *«Insulto con mala ortografía es halago».*

1.789 El término «capicúa» procede del catalán *cap-i-cua*, que significa «cabeza y cola».

1.790 Nunca digas «conclusión final». «Conclusión» significa «fin y terminación de algo».

1.791 «Funcionario»: persona que desempeña un empleo público. Por eso decir «funcionario público» es un pleonasmo o redundancia.

1.792 El conocimiento proporciona todas las herramientas para mantenernos en silencio cuando un tonto da cátedra.

1.793 Un error ortográfico, por insignificante que parezca, hace que un texto y la persona que lo escribió pierdan interés y respeto.

1.794 Se usa «literalmente» para aclarar que el uso de una palabra no es figurado. *Acabó muerto, literalmente* (o sea muerto de veras, no cansado).

1.795 No es «ezcaso» ni «escazo», lo correcto es «escaso», ambas con «s».

1.796 «Cumpleaño», sin «s», no existe; siempre es «cumpleaños», ya sea en singular o plural. *Es su primer cumpleaños; Mis cumpleaños son inolvidables.*

1.797 Se escriben separadas palabras como «por favor», «o sea», «de repente», «de pronto», «de acuerdo», «ni siquiera», «no sé», «a ti».

1.798 Lo correcto es «a pesar de que», «me di cuenta de que», «estoy segura de que». En estas expresiones no omitas la preposición «de».

1.799 No digas «detrás mío», «encima tuyo» ni «al lado de mí». Lo correcto es «detrás de mí», «encima de ti» y «a mi lado».

1.800 La burla es el medio que emplea el ignorante acomplejado para sentirse sabio.

1.801 Aunque te parezca raro, en español es «güisqui», «carné», «jonrón», «bluyín», «pádel», «fólder», «tuit», «tuitear», «retuit».

1.802 La palabra «requetebién» es correcta y significa «muy bien» o «espléndidamente».

1.803 No confundas «intensión», que significa «intensidad», «fuerza», «vehemencia», con «intención», que significa «determinación de la voluntad en orden a un fin».

1.804 «Posgrado» o «postgrado», ambas son válidas y aceptadas por la RAE.

1.085 No es lo mismo escribir «mediodía» que «medio día».
«Mediodía»: las 12 de la mañana.
«Medio día»: la mitad de un día.
Me llevó medio día.

1.806 Una coma (,) puede salvarte la vida. No es lo mismo que le digas a tu novia «Vive la vida loca» en lugar de «Vive la vida, loca».

1.807 «Ay» es una interjección.
Ay, qué dolor.
«Ahí» es «en ese lugar».
Ahí está la salida.
«Hay» es de «haber». *Hay pan.*
¡Ay!, ahí hay un error.

1.808 El infinitivo es «verter» (nunca digas «vertir»), y el gerundio, «vertiendo» (nunca digas «virtiendo»). *Verter residuos; Vertiendo calumnias.*

1.809 Es «eructar», nunca digas «eruptar», que NO existe.
Los volcanes no «eruptan», sino que «erupcionan» (del verbo «erupcionar»).

1.810 «Deuterofobia» es el miedo persistente y anormal a los lunes.
«Triscaidecafobia» es el temor desproporcionado hacia el número 13.

1.811 Es «apóstrofo», no «apóstrofe».
Es «ni siquiera», no «nisiquiera».

1.812 Es «injerencia», no «ingerencia».
Es «decisión», no «desición».
Es «zafar», no «safar».

1.813 ¿Qué significan cuatro puntos (....) o más?
Significan «ignorancia».

1.814 Lo correcto es «paralímpico», no «paraolímpico».

1.815 Es «encima» (adverbio) o «enzima» (proteína).
«Ensima» no existe.

1.816 «Hecho»: del verbo «hacer». *Ya el daño está hecho.*
«Echo»: del verbo «echar». *Te echo de menos.*

1.817 Palabras con «pt» en las que se puede suprimir la «p»: «setiembre» («septiembre»), «sétimo» («séptimo») y «sétima» («séptima»).
Todas son válidas.

1.818 *Knockout* es en inglés; en español es «nocaut», y su plural es «nocauts».

1.819 Se escribe con mayúscula la primera letra del título de cualquier obra de creación: *Diccionario de la lengua española, Divina comedia.*

1.820 ¿Cuál es correcta: «gasolinera» o «gasolinería»?
Lo correcto es «gasolinera».

1.821 «Misomania»: estado patológico que consiste en odiarlo todo.

1.822 «Devastar»: destruir, reducir a pedazos, asolar campos.
«Desbastar»: gastar, disminuir, debilitar. Quitar lo basto.
¡No las confundas!

1.823 *Boomerang* es una palabra en inglés; en español es «bumerán».

1.824 No es lo mismo «bebés y mamás» que «bebes y mamas». ¿Ves la importancia de las tildes?

1.825 «Femicidio» NO existe. Lo correcto para referirse al asesinato de mujeres por el hecho de serlo es «feminicidio».

1.826 La expresión correcta es «faltar al respeto a alguien», no «faltar el respeto a alguien». Se suele confundir con «perder el respeto».

1.827 Un «ja» equivaldría a una risa irónica o sardónica que no denota alegría; un «jaja», a una risa sincera; y un «jajaja», a una carcajada.

1.828 Palabras cultas: «Andrómina»: embuste, mentira, enredo con que se pretende alucinar. Engaño, falsedad, fullería, trama, argucia.

1.829 Idiomas que más se hablan en el planeta: chino, español, inglés, árabe, hindi, bengalí, portugués, ruso, japonés y alemán; en ese orden.

1.830 Pon el cerebro en funcionamiento antes de poner la lengua en movimiento.

1.831 Palabras cultas: «Núbil»: se dice de la mujer que está en edad de casarse.

1.832 «Cacografía»: escritura contra las normas de ortografía (mala escritura). ¿Tienes ortografía o cacografía?

1.833 ¿«Camuflear» o «camuflagear»? ¡Ninguna! Lo correcto es «camuflar».

1.834 Después del verbo «ir» siempre va la preposición «a». Debo *ir a hacer la tarea*.

1.835 El problema no es de género, sino de redundancia, decir, por ejemplo, «alumnos y alumnas» a un grupo de estudiantes de ambos sexos. Se dice «los alumnos».

1.836 Diferencia entre «tú» y «tu»:
«Tú», con tilde, es un pronombre.
«Tu», sin tilde, es un adjetivo posesivo.
No eres tú, es tu ortografía.

1.837 «Traspirar» es válida como sinónimo de «transpirar» (sudar).

1.838 ¿Se escribe «clic» o «click»? En español lo correcto es «clic».

1.839 Nunca digas «Me di cuenta que te fuiste»: eso es incorrecto, se llama queísmo. Lo correcto es «Me di cuenta de que te fuiste».

1.840 ¿Sabías que «pocotón» es un coloquialismo venezolano, aceptado por la RAE, como «cantidad grande de algo»?

1.841 ¿Sabías que «pichirre» es válido como sinónimo de «tacaño»?

1.842 «Decisión», «indecisa», «facsímil», «precisión», «fucsia», «circuncisión» se escriben con «c» y «s».
«Posición», «suposición», «escéptico» se escriben con «s» y «c».

1.843 Escribir bien es sinónimo de cultura, respeto y educación.

1.844 Ricardo Arjona comete un error al decir «Lánzame un "sí" camuflajeado». Según la RAE, lo correcto es «Lánzame un "sí" camuflado».

1.845 Palabras cultas.
«Pecunia»: Dinero.
Los empresarios cuentan con abundante pecunia.

1.846 El verbo «conflictuar» no existe.
Lo correcto es decir «causar conflicto».

1.847 Una letra hace la diferencia:
«Bacilo» es un microbio y «vacilo» es la conjugación del verbo «vacilar», que significa «moverse sin firmeza».

1.848 El verbo «zapear» sí existe, significa «cambiar reiteradamente de canal de televisión con el mando a distancia».

1.849 Solamente los nacidos en Río de Janeiro pueden ser llamados «cariocas».
El gentilicio para todo el país es «brasileño» o «brasilero».

1.850 Son válidas «penalti» y «penal»; en plural, «penaltis» y «penales».

1.851 Nunca digas «tiritar de frío», es un pleonasmo o redundancia.
«Tiritar» significa, «temblar de frío». Se dice «tiritar». *Estoy tiritando.*

1.852 Lo correcto es decir «persignar».
No digas «persinar», esa palabra NO existe.

1.853 Hay que escribir y hablar bien, no importa dónde.

1.854 Cuando te refieras a derramar líquido se dice «verter».
Nunca digas «vertir», esa palabra no existe.

1.855 Es «hay personas», no «habemos personas».
Es «estamos cinco personas aquí», no «habemos cinco personas aquí».

1.856 ¿Sabías que «churriana» es válido como sinónimo de «prostituta»?

1.857 La literatura es un juego en el que, por cada libro leído, consigues una vida extra.

1.858 «Más» = Cantidad.
«Mas» = «Pero», «sin embargo».
«Aún» = «Todavía».
«Aun» = «Incluso».

1.859 Piensa bien, escribe bien y habla bien.

1.860 La preposición «a» está ya incluida en los adverbios «arriba» y «abajo».
Me miró de arriba abajo.
Nunca digas «de arriba a abajo».

1.861 No es correcto el uso de adverbios como «delante», «detrás», «encima»… con posesivos.
Lo correcto es «delante de mí», nunca «delante mío».

1.862 Palabras cultas.
«Emancipar»: liberar a alguien de la subordinación o sujeción.
Todos los países deberían emanciparse de las dictaduras.

1.863 No confundir:
«Consciente»: sabe lo que hace. *Está consciente de hacerlo.*
«Consiente»: es del verbo «consentir».
A la mujer se le consiente.

1.864 Recuerda que «mas» y «sin embargo» son sinónimos; nunca digas «mas sin embargo», es un pleonasmo o redundancia.

1.865 La palabra «perfecto» no tiene superlativo.
Nunca digas «perfectísimo», esa palabra NO existe.

1.866 Nunca digas «erario público», es un pleonasmo o redundancia.
«Erario» significa «bienes públicos».

1.867 El acento enfático está en los pronombres: cómo, cuál, dónde, por qué, qué y quién.
Ponles tilde cuando sea pregunta o exclamación.

1.868 Una palabra mal escrita estropea el más bello pensamiento.

1.869 «Por ende» significa «por tanto», y se emplea de modo similar a esta locución.

1.870 Pedir perdón no es lo mismo que ofrecer disculpas.

1.871 El primer paso de la ignorancia es presumir de saber.

1.872 Hay gente que aparenta lo que no es, pero se delata por su falta de ortografía.

1.873 Si te escribe «ola» sin «h», dile «adioz» con «z» y bloquéalo.

1.874 «Continuo» es un adjetivo; «continuó» es pasado y «continúo» es presente.

1.875 El verbo «coger» se escribe siempre con «g». Las únicas formas con «j»: «cojo», «cojan», «coja», «cojas», «cojamos» y «cojáis».

1.876 *No creo que el hombre atractivo de la valla* («publicidad») *vaya* (verbo «ir»), *luego brinque la valla* («cerca») *solo para comerse una baya* («fruto»).

1.877 La palabra «requetebién» es correcta y significa «muy bien» o «espléndidamente».

1.878 El término «divino» proviene del latín *diva* que significa «diosa».

1.879 Nunca digas «jauría de perros», es un pleonasmo o redundancia. «Jauría» significa «conjunto de perros».

1.880 No debe confundirse el adjetivo «lívido» (muy pálido) con el sustantivo «libido» (deseo sexual). Eso sería un grave error.

1.881 No digas «adsequible» o «acsequible», esas palabras no existen. Lo correcto es decir «accesible» o «asequible».

1.882 No es «ataúl». Lo correcto es «ataúd».

1.883 «Wasap» y «wasapear» son adaptaciones adecuadas al español y aprobadas por la RAE.

1.884 A una persona que cuida su manera de escribir se le presupone también que sea una persona ordenada en otras áreas de la vida.

1.885 Según la Asociación de Academias de la Lengua Española, el español será el idioma más hablado del mundo en 2045. ¿Vale la pena cuidarlo?

1.886 Puede ser «cautiverio» o «cautividad», de preferencia la primera.

1.887 Al decir «enero», «febrero»… nos referimos a un mes; en este sentido, «mes de mayo» es un pleonasmo. Los meses no van con mayúscula inicial.

1.888 No confundas «ateo», que significa «el que niega la existencia de Dios», con «agnóstico», que alude a quien declara inaccesible todo conocimiento que trasciende la experiencia.

1.889 Verbo satisfacer en pasado:
Yo satisfice
Tú satisficiste.
Él satisfizo.
Nosotros satisficimos.
Vosotros satisficisteis.
Ellos satisficieron.

1.890 «Reiniciar» y «reanudar» no son sinónimos. La primera significa «volver a iniciar»; la segunda, «continuar lo pendiente».

1.891 Un «jaja» equivaldría a una risa sincera y un «jajaja», a una carcajada. Nunca escribas «jejeje» ni «jijiji», porque eso no significa nada.

1.892 «Víbora» viene del latín *vipera*, de ahí que «viperino» sea lo relativo a las víboras, y «lenguas viperinas» sean esas malintencionadas y chismosas.

1.893 ¿Sabías que con música aprendemos los idiomas más rápido? Resulta más fácil aprender palabras cuando alguien las canta.

1.894 Usos de «por siempre» y «para siempre»: *Una especie se extingue para siempre, pero continuarán por siempre surgiendo nuevas especies.*

1.895 Se dice «levógiro» cuando algo gira en sentido contrario al de las agujas del reloj y «dextrógiro» cuando gira en el mismo sentido.

1.896 Por mucho que lo queramos, es incorrecto decir y escribir «querramos».

1.897 La palabra «clítoris» viene del griego *kleitoris*, que significa «montaña pequeña».

1.898 Muere lentamente quien no viaja, quien no oye música, quien no encuentra gracia en sí mismo; pero sobre todo... quien no lee.

1.899 No es *croissant*, lo correcto en español es «cruasán», y su plural, «cruasanes».

1.900 «Un», «dos», «tres» y «seis» no llevan tilde por ser monosílabos, pero sí se tildan «veintiún», «veintidós», «veintitrés» y «veintiséis».

1.901 Las palabras «ídola», «testiga» y «millonas» no son válidas ni aun refiriéndose al femenino. Se escribe «ídolo», «la testigo» y «millones».

1.902 ¿Sabías que el español es una lengua derivada del latín, por lo tanto es hermana del portugués, rumano, catalán, francés e italiano?

1.903 Los buenos libros son como los buenos amantes: te los llevas a la cama para que no te dejen dormir.

1.904 «Soldar» se conjuga como «contar»:
Yo sueldo (no «soldo»)
Tú sueldas
Él suelda
Nosotros soldamos
Vosotros soldáis / Ustedes sueldan
Ellos sueldan

1.905 No confundir:
«Baga»: cápsula que contiene linaza. Cuerda en alpinismo. Soga en caballería.
«Vaga»: vacía, desocupada. Holgazana, perezosa. En vano. Imprecisa.

1.906 Debido a que la velocidad de la luz es mayor que la del sonido, muchas personas nos parecen brillantes antes de escucharlas hablar.

1.907 «Bienal» significa «cada dos años» y «bianual» se refiere a «dos veces al año».

1.908 En español se recomienda usar el término «autofoto» (de género femenino) en lugar de *selfie*.

1.909 ¿Sabías que la palabra «lesbiana» se deriva de la isla griega de Lesbos, donde la poetisa Safo compuso sus famosos poemas a sus amantes femeninas?

1.910 Purista en el lenguaje es quien, al hablar o escribir, evita conscientemente los extranjerismos y neologismos que juzga innecesarios.

1.911 Nada mejor que tener vieja madera para arder, viejo vino para beber, viejos amigos en quien confiar y viejos autores para leer.

1.912 ¿«Gays» o «gais»? En español es «gay»; su plural, «gais».

1.913 Palabras cultas:
«Paralogizar»: intentar persuadir con discursos falaces y razones aparentes.

1.914 ¿Sabías que «catalina», según la RAE, significa «excremento humano»?

1.915 ¿Se escribe «hierba» o «yerba»?
Ambas son válidas y aprobadas por la RAE.

1.916 ¿Lleva tilde el «que» en expresiones exclamativas como «¡Qué bueno!» o «¡Qué grande!»?
Sí.
¡Qué bien!

1.917 «Cayó» es de «caer». *Cayó al mar.*
«Calló» es de «callar». *Se calló, no habló más.*
«Vez» es de «ocasión».
«Ves» es de «ver». *¿Me ves?*

1.918 La gente que no sabe es la que más habla; porque claro, una de las cosas que no sabe es callarse.

1.919 Los verbos «aperturar», «direccionar», «gerenciar», «recepcionar», «legitimizar», «camuflajear» y «agendar» NO existen, no los uses.

1.920 Lo correcto en español es «restaurante» o «restorán».

1.921 No es «reduciste»; lo correcto es «redujiste».

1.922 Ya se encuentran en el DRAE las palabras «tuit» y «wasap», así como los verbos «wasapear» y «tuitear».

1.923 Las expresiones compuestas por dos palabras van separadas, como «de pronto», «de acuerdo», «por favor», «de repente», «ni siquiera», «o sea».

1.924 Una «cita» es un encuentro previamente acordado.
«Previa cita» o «cita previa» son pleonasmos.

1.925 A veces se escriben las cosas sin pensar, a veces se piensan las cosas y no se escriben.

1.926 No temas equivocarte, pero no cometas el mismo error dos veces.

1.927 Tu mejor maestro es tu último error.

1.928 Lo correcto es «exfoliar». Nunca digas «exfolear».

1.929 El equivalente español del inglés *runner* es «corredor».

1.930 El mundo está lleno de libros preciosos que nadie lee.

1.931 Las mujeres más bonitas escriben bien y conquistan con una sonrisa y su personalidad, no con faldas cortas y escotes.

1.932 En la universidad nunca falta el que se gradúa y no sabe ni escribir bien.

1.933 La excusa de los ignorantes es decir que no es importante la forma de escribir, sino que se entienda.

1.934 Se conocen como «epicenos» los sustantivos que expresan los dos géneros en uno solo. *El personaje, la víctima.*

1.935 ¿Sabías que somos más felices cuanto más tiempo dedicamos a leer o a relacionarnos, y más infelices cuanto más vemos la televisión?

1.936 Son válidas y aprobadas por la RAE «murciégalo», «vagamundo», «jalar», «agora», «bluyín», «bloguero», «chat», «espanglish».

1.937 Nunca digas «los noventas». Di «los años noventa», «la década de los noventa» o «los noventa».

1.938 El femenino de «arquitecto» es «arquitecta», el de «ingeniero» es «ingeniera». Nunca digas «la arquitecto» ni «la ingeniero».

1.939 Es mejor leer que vivir en la ignorancia.

1.940 Las palabras que más duelen: «ira», «haiga», «vistes», «nadien», «ahy», «ansina», «la calor».

1.941 Cada vez que lees un libro, un árbol sonríe al ver que sí hay vida después de la muerte.

1.942 Antes la moda era escribir bonitas cartas de amor, con bonita letra; ahora envían un mensaje y mal escrito.

1.943 Lo bianual sucede dos veces al año y lo bienal una vez cada dos años.

1.944 El término «idiota» viene del griego antiguo *idios*, que significa «único, peculiar».

1.945 «Oxímoron»: combinación de dos palabras con significado opuesto. *Monstruo hermoso*.

1.946 La palabra «ramera» se originó en Madrid en el siglo XV, cuando las prostitutas callejeras fingían ser vendedoras de ramos de flores.

1.947 La ortografía es sinónimo de inteligencia, cultura y respeto.

1.948 La «macrofobia» es el temor a las largas esperas.

1.949 La estupidez no tiene fronteras, pero al estúpido hay que ponerle límites.

1.950 Leer puede ser la puerta de entrada a actividades subversivas como pensar.

1.951 El respeto a la ortografía en una persona, enamora.

1.952 «Chubasco» viene del portugués *chuva*, que significa «lluvia».

1.953 El plural de «suéter» es «suéteres», no «suéters».

1.954 Palabras cultas. «Fementido»: que no es fiel a su palabra; engañoso, falso. *¡No te creo nada, fementido!*

1.955 Nunca digas «cardumen de peces»: es una redundancia. «Cardumen» significa «banco de peces».

1.956 ¿Sabías que decir «falso mito» es una redundancia?

1.957 Palabras cultas. «Manducar»: comer. *¡A manducar se ha dicho!*

1.958 ¿Sabías que «Allende» es un apellido, pero también es una preposición en desuso que significa «más allá»?

1.959 Palabras cultas: «Donaire»: gracia, agilidad o ingenio para expresarse. *Las personas con donaire son encantadoras e interesantes.*

1.960 Esperamos que a través de este texto aprendas que «atravez» y «através» son palabras incorrectas, no existen.

1.961 El problema es que las personas valoran más la manera de vestir que la de pensar, hablar y escribir.

1.962 ¿Sabías que la palabra más pronunciada en el mundo es «ok»?

1.963 Hay gente que para Halloween debería disfrazarse de su propia ortografía, porque eso sí que es algo verdaderamente espantoso.

1.964 ¿Por qué las personas quieren un romance como el de Romeo y Julieta, si fue una historia de tres días y seis muertos? ¡Hay que leer!

1.965 Pasamos página, pero dejamos doblada la esquina.

1.966 Cinco cosas que no deben existir:
El analfabetismo.
La violencia.
La guerra.
Los que «ExCrRiVeM aZzHi».
La mala educación.

1.967 En las redes sociales muchas personas aparentan lo que no son, pero se delatan por su mala ortografía.

1.968 La lectura es ante todo placer; se contagia, no se impone.

1.969 «Herrar» es de herreros, «errar» es de humanos y «reconocer» es un palíndromo.

1.970 Antes de enseñar a leer y escribir deberían enseñar a escuchar.

1.971 Las palabras más difíciles de pronunciar:
1- Desoxirribonucleico.
2- Paralelepípedo.
3- Otorrinolaringólogo.
4- Ovovivíparo.
5- Perdón.

1.972 La ignorancia no es atrevida, la atrevida es la persona que justifica su ignorancia y no está dispuesta a abrir su mente y aprender.

1.973 Hay historias que, por más que quieras ponerles punto final, terminan siendo puntos suspensivos.

1.974 En el verbo «corregir», ante «e», «i», se escribe «g». *Corregía, corrige.* Ante «a», «o», se escribe «j». *Corrija, corrijo.*

1.975 Las voces francesas acabadas en «–age» se han adaptado al español con la terminación «–aje». *Garaje, camuflaje, tatuaje, bricolaje, menaje.*

1.976 No es lo mismo «enamorado» que «enamoradizo»: «Enamorado»: que tiene amor. «Enamoradizo»: muy aficionado a algo.

1.977 Las dos grafías «post-» y «pos-» son correctas, pero se prefiere la más simple. *Posoperatorio, posguerra.*

1.978 La grafía «zebra» es desusada. Hoy debe emplearse únicamente la forma «cebra».

1.979 La abreviatura de «primer» es 1.er (con las letras «er» voladas).

1.980 El símbolo del grado se une a la cifra anterior si no se hace explícita la escala. *40°* (sin espacio), pero *40 ℃* (con espacio).

1.981 En referencia a la televisión, alternan en el uso los verbos «ver» y «mirar», ambos válidos.

1.982 El punto se pone siempre detrás de las comillas de cierre. «También si está entrecomillado todo el enunciado».

1.983 «Almóndiga» es una variante antigua de «albóndiga», que hoy se considera vulgar, impropia del habla culta.

1.984 El pronombre «mí» es tónico y lleva tilde. *Es para mí.* El posesivo «mi» es átono y no la lleva. *Mi mesa es esa.*

1.985 No se dice «debajo mío» ni «delante mío». Lo correcto es decir «debajo de mí» y «delante de mí».

1.986 Hablar y escribir correctamente demuestra respeto hacia las personas a las que nos dirigimos.

1.987 La grafía «así mismo» significa «de ese modo». *Lo hizo así mismo, como te lo digo.*

1.988 Lo correcto es «fuerzan», de «forzar», no «forzan».

1.989 La forma mayoritaria y recomendada como plural de «menú» es «menús».

1.990 Formas de nombrar la falta de vergüenza en español: «sinvergonzonería», «sinvergüenzura», «sinvergüenzada» y «sinvergüencería».

1.991 Las abreviaturas se cierran con punto y se leen con la expresión a la que reemplazan: «pág.», leído «página».

1.992 El símbolo de «kilómetros» es «km», con minúscula inicial.

1.993 El plural de «máster» no es «másters» ni «masters», es «másteres»; el de «magíster» es «magísteres».

1.994 Un acrónimo es un tipo de sigla que se pronuncia como una palabra. *Ovni* (objeto volador no identificado).

1.995 En español es «led»: diodo de material semiconductor que emite luz. Su plural no es «leds», es «ledes».

1.996 En español el gentilicio de Irán es «iraní», y son válidos los plurales «iraníes» o «iranís».

1.997 En inglés es *corner*, pero en español es «córner», y su plural es «córneres».

1.998 Se escriben juntos los adjetivos «malpensado», «malintencionado» y «maleducado».

1.999 «Convivir» es vivir en compañía de otro u otros. «Convivir con alguien» es un pleonasmo, o redundancia.

2.000 Lo mejor de aprender es que, si te lo propones, nunca dejas de hacerlo.

TEMAS QUE PRESENTAN LA MAYOR CANTIDAD DE DUDAS EN LA ACTUALIDAD

La expresión «el presidente» admite los femeninos *la presidente* y *la presidenta*

El término «presidente» significa: persona que preside algo y, en una república, «jefe del Estado». Por su terminación, puede funcionar como común en cuanto al género (el/la presidente).

Ejemplo:

La presidente informó de las consecuencias de la decisión.

- El uso mayoritario ha consolidado el femenino *presidenta*.

Ejemplo:

La presidenta informó de las consecuencias de la decisión.

El uso de los puntos suspensivos

Los puntos suspensivos son un signo de puntuación formado por tres puntos consecutivos. Se llaman así porque entre sus principales usos se incluye el de dejar el discurso en suspenso.

Deben escribirse pegados a la palabra o el signo que los antecede, y separados por un espacio de la palabra o el signo que los sigue. Si lo que sigue a los puntos suspensivos es otro signo de puntuación, entre ambos no debe dejarse espacio. Cuando los puntos suspensivos cierran el enunciado, la palabra siguiente se escribe con mayúscula inicial.

Ejemplo:

El problema es que si lo llamo... Mejor no voy a pensar en eso.

• Si no se cierra el enunciado y este continúa tras ellos, la palabra que viene a continuación se escribe con minúscula inicial.

Ejemplo:

Estoy dispuesto a hacerlo... en esta ocasión lo haré.

Usos de los puntos suspensivos

a) La RAE, en su *Diccionario panhispánico de dudas* (*DPD*), señala que «sirven para indicar la existencia en el discurso de una pausa transitoria que expresa duda, temor, vacilación o suspenso».

Ejemplos:

No sé qué hacer... No lo sé.
Te buscan del colegio... Ojalá que sean mis amigos.

b) También que «sirven para señalar la interrupción voluntaria de un discurso cuyo final se da por conocido o sobrentendido por el interlocutor».

Ejemplo:

A pesar de lo mucho que nos esforzamos, no pudimos ganar las elecciones... Bueno, ya te imaginarás cómo terminó eso.

• Este uso es en especial frecuente cuando se reproduce un refrán o un fragmento literario ampliamente conocido.

Ejemplo:

Mejor malo conocido...

c) Y prosigue el *DPD*: «Sirven para insinuar, evitando su reproducción, expresiones o palabras malsonantes o inconvenientes».

Ejemplo:

¡Eres un hijo de...!

A veces se colocan tras la letra inicial del término que se insinúa:

Vete a la m... No te quiero más.

d) O «cuando, por cualquier otro motivo, se desea dejar el enunciado incompleto y en suspenso».

Ejemplo:

Fue muy doloroso para mí... No quiero hablar más.

e) Asimismo, «al final de enumeraciones abiertas o incompletas, con el mismo valor que la palabra etcétera o su abreviatura».

Ejemplo:

Debes hacer los oficios: limpiar, lavar, barrer...

• También ha de evitarse, por redundante, la presencia conjunta de los dos elementos.

Ejemplos:

Debes hacer las tareas: limpiar, lavar, barrer..., etc.
Debes hacer las tareas: limpiar, lavar, barrer, etcétera...

f) Van entre corchetes [...] o paréntesis (...) cuando indican la supresión de un fragmento o palabra en una cita textual.

Ejemplo:

«Fui Juan Sebastián *el Grande* y ahora soy [...] Sebastián *el Malo*».

• Si lo que se desea es dejar claro que la cita textual que se reproduce no se corresponde con el comienzo mismo del enunciado, es posible, de acuerdo con el *DPD*, «escribir puntos suspensivos al inicio de la cita, sin paréntesis ni corchetes, dejando un blanco de separación respecto de la palabra a la que preceden».

Del mismo modo, «cuando la reproducción de la cita queda incompleta por su parte final, es posible escribir puntos suspensivos, sin paréntesis ni corchetes y sin blanco de separación con respecto al texto que antecede, para indicar que el enunciado continúa más allá de la última palabra reproducida».

Combinación de los puntos suspensivos con otros signos

a) Si el enunciado finaliza con puntos suspensivos, el punto de cierre no debe añadirse (se escribirán solamente tres puntos).

Ejemplo:

Es hermoso despertarse y ver el Sol, los pájaros, la luz entrando por las ventanas... Creo que me quedaré.

• Cuando los puntos suspensivos siguen a una abreviatura, a ellos se suma el punto que la cierra, con lo que se escribirá un total de cuatro puntos.

b) Tras los puntos suspensivos, indica el *DPD*, «sí pueden colocarse otros signos de puntuación, como la coma, el punto y coma y los dos puntos, sin dejar entre ambos signos ningún espacio de separación».

Ejemplos:

Cuando pienses en leer, estudiar, aprender..., ven a verme y te ayudaré.
Hoy llegan los muebles, los electrodomésticos...; ahora sí podré organizar mi casa.
Pensándolo bien...: mejor que no venga.

c) Asimismo, «los puntos suspensivos se escriben delante de los signos de cierre de interrogación o de exclamación si el enunciado interrogativo o exclamativo está incompleto».

Ejemplo:

¡Te dije que...! Pero es inútil, nunca haces caso.

• «Si está completo, los puntos suspensivos se escriben detrás, sin espacio de separación».

Ejemplo:

¿Me gustarán los cuadros?... Seguro que sí.

El uso de las comillas

Las comillas, nos dice la RAE en el *DPD*, son un «signo ortográfico doble del cual se usan diferentes tipos en español: las comillas angulares, también llamadas latinas o españolas (« »), las inglesas (" ") y las simples (' '). Las comillas inglesas y las simples se escriben en la parte alta del renglón, mientras que las angulares se escriben centradas». Cabe añadir que en los textos impresos se aconseja usar de entrada las comillas angulares, reservando los otros tipos para cuando haya que entrecomillar partes de un texto ya entrecomillado. En tal caso, «las comillas simples se emplearán en último lugar».

Ejemplo:

«Pedro me dijo: "Vaya 'casa' que se ha comprado Juan"».

• «Las comillas —prosigue el *DPD*— se escriben pegadas a la primera y la última palabra del período que enmarcan, y separadas por un espacio de las palabras o signos que las preceden o las siguen». Sin embargo, cuando a las comillas de cierre sigue un signo de puntuación, no hay que dejar espacio entre aquellas y este.

Usos de las comillas

a) Sirven, explica la RAE (véase *www.rae.es*), «para enmarcar la reproducción de citas textuales. Si el texto que se reproduce consta de varios párrafos, antes era costumbre colocar comillas de cierre al comienzo de cada uno de ellos (salvo, claro está, en el primero, que se inicia con comillas de apertura)».

Ejemplo:

«En el año 2014 la RAE publicó la nueva edición del *Diccionario académico*...
»Ahí aparecen las nuevas palabras que han sido aceptadas».

- «Cuando se intercala un comentario del transcriptor de la cita —prosigue la RAE—, este debe enmarcarse entre rayas, sin necesidad de cerrar las comillas para volverlas a abrir después del inciso».

Ejemplo:

«Es importante —señaló el presidente— que se aprueben las reformas judiciales».

- Recordemos también que se encierran entre comillas las palabras textuales «que se reproducen dentro de un enunciado en estilo indirecto».

Ejemplo:

«Todo el mundo rechazó "el acto terrorista" realizado por una organización criminal "aún sin identificar"».

- La inclusión en un enunciado en estilo indirecto, y mediante el empleo de comillas, de un texto literal es aceptable con la condición de que no se incumpla alguna de las condiciones impuestas por el estilo indirecto, como, por ejemplo, la correlación de tiempos verbales o los cambios en determinados pronombres o adverbios.

b) En obras literarias de carácter narrativo sirven para enmarcar los textos que reproducen de forma directa los pensamientos de los personajes.

Ejemplo:

«"¡Es muy bueno para mentir!", pensó el padre».

• Y señala la RAE en su *DPD*: «Cuando los pensamientos del personaje ocupan varios párrafos, se colocan comillas de cierre al comienzo de cada uno de ellos (salvo, claro está, en el primero, que se inicia con comillas de apertura)».

c) Las comillas sirven también para indicar que una palabra o expresión es impropia, vulgar o se emplea con ironía o un sentido especial.

Ejemplos:

Dijo que la comida tenía muchas «especies».
Parece que últimamente le va muy mal en sus «negocios».

• En textos en letra redonda es más frecuente, y recomendable, reproducir los extranjerismos en cursiva que entre comillas.

d) Si en un texto se cita un término por su aspecto lingüístico, dicho término debe escribirse entrecomillado.

Ejemplo:

La palabra «enamorarse» es grave.

- De acuerdo con el *DPD*: «En los textos impresos, en lugar de usar las comillas, se escribe el término en un tipo de letra diferente al de la frase en que va inserto (en cursiva si el texto normal va en redonda, o en redonda si el texto normal va en cursiva)».

e)   Asimismo: «Se usan las comillas para citar el título de un artículo, un poema, un capítulo de un libro, un reportaje o, en general, cualquier parte dependiente dentro de una publicación». Sin embargo, los títulos de los libros «se escriben en cursiva cuando aparecen en textos impresos en letra redonda (o viceversa, en redonda si el texto normal va en cursiva)».

Ejemplo:

He publicado un interesante artículo titulado «Bebés y mamás no es lo mismo que bebes y mamas» en el libro *La importancia de hablar y escribir bien*.

Las comillas y cómo se combinan con otros signos

a)   Los signos de puntuación que corresponden al período en que se inserta el texto entrecomillado han de ir, invariablemente, luego de las comillas de cierre.

Ejemplo:

Él dijo: «Lo haré»; pero al final no nos ayudó.

b) «El texto que va dentro de las comillas —nos indica el *DPD*—, tiene una puntuación independiente y lleva sus propios signos ortográficos. Por eso, si el enunciado entre comillas es interrogativo o exclamativo, los signos de interrogación y exclamación se escriben dentro de las comillas».

Ejemplo:

Le pregunté al dueño: «¿Dónde está el garaje, por favor?».

• De dicha regla queda excluido el punto, que debe escribirse después de las comillas de cierre siempre que el texto entre comillas ocupe la parte final de un enunciado o texto.

c) «Cuando lo que va entrecomillado constituye el final de un enunciado o de un texto, debe colocarse punto detrás de las comillas de cierre, incluso si delante de las comillas va un signo de cierre de interrogación o de exclamación, o puntos suspensivos».

Ejemplos:

«No tengo motivos para quedarme». Con estas palabras terminó la discusión y se fue.
«¿Qué hago?». Esa pregunta daba vueltas en mi cabeza.

Un error frecuente: el «queísmo»

El queísmo, de acuerdo con el *DPD*, «es la supresión indebida de una preposición (generalmente *de*) delante de la conjunción *que*, cuando la preposición viene exigida por alguna palabra del enunciado».

La preposición no debe suprimirse en los siguientes casos:

a) Con verbos pronominales que se construyen con un complemento de régimen: acordarse *de* algo; alegrarse *de* algo; arrepentirse *de* algo; olvidarse *de* algo; preocuparse *de* algo, etc.

Ejemplos:

Me alegro *de que* hayas leído (incorrecto: «me alegro *que* hayas leído»).

Me olvidé *de que* tenía que ir (incorrecto: «me olvidé *que* tenía que ir»).

Se acordaba *de que* en esa casa había vivido una novia suya (incorrecto: «se acordaba *que* en esa casa había vivido una novia suya»).

Me fijé *en que* tenía pecas en el pecho (incorrecto: «me fijé *que* tenía pecas en el pecho»).

No me acordé *de que* era tu fiesta (incorrecto: «no me acordé *que* era tu fiesta»).

b) Cuando se emplean en forma no pronominal, algunos de estos verbos se construyen sin preposición, ya que en tal caso la oración subordinada ejerce de sujeto o de complemento directo.

Ejemplos:

Me alegró *que* fueras (incorrecto: «me alegró *de que* fueras»).
Olvidé *que* tenía que ir al médico (incorrecto: «olvidé *de que* tenía que ir al médico»).

c) Con aquellos verbos no pronominales que se construyen con un complemento de régimen: convencer *de* algo; insistir *en* algo; tratar *de* algo (en el sentido de «procurarlo, intentarlo»), etc.

Ejemplos:

Lo convencí *de que* escribiera un libro (incorrecto: «lo convencí *que* escribiera un libro»).
Insistió *en que* nos quedáramos (incorrecto: «insistió *que* nos quedáramos»).
Trato *de que* estés bien (incorrecto: «trato *que* estés bien»).

d) Con sustantivos que llevan complementos preposicionales.

Ejemplos:

Voy con la condición *de que* me invites (incorrecto: «voy con la condición *que* me invites»).
Tengo ganas *de que* amanezca (incorrecto: «tengo ganas *que* amanezca»).
Ardo en deseos *de que* vengas a abrazarme (incorrecto: «ardo en deseos *que* vengas a abrazarme»).

e) Con adjetivos que llevan complementos preposicionales.

Ejemplo:

Estoy convencido *de que* llegarás hoy (incorrecto: «estoy convencido *que* llegarás hoy»).

f) En locuciones como «a pesar *de que*» (incorrecto: «a pesar *que*»).

Ejemplos:

A fin *de que* (incorrecto: «a fin *que*»).
A condición *de que* (incorrecto: «a condición *que*»).
En caso *de que* (incorrecto: «en caso *que*»).

g) En la construcción «hasta el punto *de que*» (incorrecto: «hasta el punto *que*»).
En locuciones verbales como: caber o haber duda *de* algo; caer en la cuenta *de* algo; darse cuenta *de* algo, etc.

Ejemplos:

No cabe duda *de que* es un gran amigo (incorrecto: «no cabe duda *que* es un gran amigo»).
Pronto cayó en la cuenta *de que* estaba enamorado (incorrecto: «pronto cayó en la cuenta *que* estaba enamorado»).
Nos dimos cuenta *de que* era difícil (incorrecto: «nos dimos cuenta *que* era difícil»).

• Las locuciones *caer en la cuenta* o *darse cuenta*, que exigen *de*, no deben confundirse con *tener en cuenta*, que no exige la preposición.

Ejemplo:

No tiene en cuenta *que* nos hicieron daño (incorrecto: «no tiene en cuenta *de que* nos hicieron daño»).

• Los verbos *advertir, avisar, cuidar, dudar* e *informar* pueden construirse, en sus acepciones más comunes, de dos formas: advertir algo a alguien y advertir *de* algo a alguien; avisar algo a alguien y avisar *de* algo a alguien; cuidar algo o a alguien y cuidar *de* algo o alguien; dudar algo y dudar *de* algo; informar algo a alguien (en América) e informar *de* algo a alguien (en España).

Uno de los errores más frecuentes: el «dequeísmo»

El «dequeísmo» es el uso indebido «de la preposición *de* delante de la conjunción *que* cuando la preposición no viene exigida por ninguna palabra del enunciado», nos recuerda el *DPD*.

Se incurre en «dequeísmo» en los siguientes casos:

a) «Cuando se antepone la preposición *de* a una oración subordinada sustantiva de sujeto. El sujeto de una oración nunca va precedido de preposición». Así pues, son incorrectas oraciones como:

Me alegra *de que* sean felices (correcto: «Me alegra *que* sean felices»).

Es seguro *de que* nos ama (correcto: «Es seguro *que* nos ama»).

Le preocupa *de que* aún no lo hayas leído (correcto: «Le preocupa *que* aún no lo hayas leído»).

Es posible *de que* llueva mañana (correcto: «Es posible *que* llueva mañana»).

• Algunos de estos verbos exigen un complemento precedido de la preposición *de* cuando se usan en forma pronominal (alegrarse, preocuparse, etc.). En tal caso, el uso conjunto de la preposición y la conjunción es obligatorio.

Ejemplos:

Me alegro *de que* sean felices (incorrecto: «me alegro *que* sean felices»).

Me preocupo *de que* no les falte dinero (incorrecto: «me preocupo *que* no les falte dinero»).

b) «Cuando se antepone la preposición *de* a una oración subordinada sustantiva de complemento directo. Esto ocurre, sobre todo, con verbos de "pensamiento" (pensar, opinar, creer, considerar, etc.), de "habla" (decir, comunicar, exponer, etc.), de "temor" (temer, etc.) y de "percepción" (ver, oír, etc.). El complemento directo nunca va precedido de la preposición *de*».

Me dijeron *de que* se iban para otra ciudad (correcto: «Me dijeron *que* se iban para otra ciudad»).

Temo *de que* no llegues (correcto: «Temo *que* no llegues»).

He oído *de que* te vas (correcto: «He oído *que* te vas»).

c) Cuando la preposición *de* se antepone a una oración subordinada cuya función es la de atributo en oraciones copulativas con el verbo *ser*. Por regla general este complemento no va precedido de preposición, de modo que son incorrectas oraciones como:

Mi intención es *de que* vayamos todos (correcto: «Mi intención es *que* vayamos todos»).

d) Cuando la preposición *de* se inserta en locuciones conjuntivas que no la llevan:

Ejemplos:

A no ser *de que* (correcto: «A no ser *que*»).
A medida *de que* (correcto: «A medida *que*»).
Una vez *de que* (correcto: «Una vez *que*»).

e) Cuando se emplea la preposición *de* en lugar de la que exige el verbo.

Ejemplos:

Insistieron *de que* fuera con ellos (correcto: «Insistieron *en que* fuera con ellos»).
Me fijé *de que* llevaba pantalón (correcto: «Me fijé *en que* llevaba pantalón»).

• Los verbos *advertir, avisar, cuidar, dudar* e *informar* pueden escribirse, en sus acepciones más comunes, de dos formas: advertir algo a alguien y advertir *de* algo a alguien; avisar algo a alguien y avisar *de* algo a alguien; cuidar algo o a alguien y cuidar *de* algo o alguien; dudar algo y dudar *de* algo; informar algo a alguien (en América) e informar *de* algo a alguien (en España). Por tanto, con estos verbos, la presencia de la preposición *de* delante de la conjunción *que* no es obligatoria.

• Un procedimiento que en muchos casos resulta útil para determinar si ha de emplearse la secuencia «preposición + que», o sencillamente «que», consiste en transformar en interrogativo el enunciado dudoso.
Si la preposición debe encabezar la pregunta, aquella se mantendrá en la modalidad enunciativa. Si la pregunta no lleva preposición, esta tampoco se empleará en la modalidad enunciativa.

Ejemplos:

¿*De* qué se preocupa? (Se preocupa *de* que...).

¿Qué le preocupa? (Le preocupa que...).

¿*De* qué está seguro? (Está seguro *de* que...).

¿Qué opina? (Opina que...).

¿*En* qué insistió el alumno? (Insistió *en* que...).

¿Qué dudó o *de* qué dudó el jefe? (Dudó que... o dudó *de* que...).

¿Qué informó o *de* qué informó el presidente? (Informó que... o informó *de* que...).

Diferencia entre *porqué, porque, por qué* y *por que*

1. *Porqué:* Según la definición de la RAE (véase *www.rae.es*), se trata de «un sustantivo masculino que equivale a causa, motivo, razón, y se escribe con tilde por ser palabra aguda terminada en vocal. Puesto que se trata de un sustantivo, se usa normalmente precedido de artículo u otro determinante».

Ejemplos:

No comprendo *el porqué* de tu disgusto [= la razón de tu disgusto].
Todo tiene *su porqué* [= su causa o motivo].

• Al igual que otros sustantivos, tiene plural.

Ejemplo:

Hay que averiguar los *porqués* de este cambio de ánimo.

2. *Por qué:* «Se trata de la secuencia formada por la preposición *por* y el interrogativo o exclamativo *qué* (palabra tónica que se escribe con tilde diacrítica para distinguirla del relativo y de la conjunción *que*)». Introduce oraciones interrogativas y exclamativas tanto directas como indirectas.

Ejemplos:

¿*Por qué* no vas al cine?
No comprendo *por qué* no vas.
¡*Por qué* ciudades más bonitas pasamos!

• A diferencia del sustantivo *porqué*, la secuencia *por qué* no puede sustituirse por vocablos como razón, causa o motivo.

3. *Porque:* se escribe sin tilde por tratarse de una conjunción átona.

Puede emplearse con dos valores. De acuerdo con la RAE:

a) Como conjunción causal, para introducir oraciones subordinadas que expresan causa, caso en que puede sustituirse por locuciones de valor asimismo causal como "puesto que" o "ya que"».

Ejemplos:

No fui al cine *porque* no tenía ganas [= ya que no tenía ganas].
La ocupación no es total, *porque* queda todavía espacio libre [= puesto que queda todavía espacio libre].

• Se emplea también como encabezamiento de las respuestas a las preguntas que comienzan por la secuencia *por qué.*

Ejemplo:

—¿Por qué no vas al cine?
—*Porque* no tengo ganas.

• Cuando tiene sentido causal, su escritura en dos palabras es incorrecta.

b) Como conjunción final, seguida de un verbo en subjuntivo, con sentido equivalente a *para que*.

Ejemplo:

Hice cuanto pude *porque* llegara [= para que llegara].

• En este caso, se admite también la grafía en dos palabras (aunque se prefiere la escritura en una sola).

Ejemplo:

Hice cuanto pude *por que* llegara.

4. *Por que* puede tratarse de una de las siguientes secuencias:

a) Preposición *por* + el pronombre relativo *que*. En este caso es más habitual emplear el relativo con artículo antepuesto (*el que*; *la que*, etc.).

Ejemplos:

Este es el motivo *por* (el) *que* fui.
Los caminos *por* (los) *que* corrían no eran buenos.
No sé la razón *por* (la) *que* se fue.

b) Preposición *por* + la conjunción subordinante *que*. Esta secuencia se presenta en el caso de verbos, sustantivos o adjetivos que rigen un complemento introducido por la preposición *por* y llevan asimismo una oración subordinada introducida por la conjunción *que*.

Ejemplos:

Al final optaron *por que* no fuera.
Estoy ansioso *por que* empecemos a estudiar.
Me confesó su preocupación *por que* las mujeres no pudieran trabajar.

Uso de *deber*

El *DPD* nos recuerda que: «Es regular; no son correctas las formas sincopadas del futuro y del condicional simple o pospretérito: debrá, debría, etc., normales en el español clásico, pero sentidas hoy como vulgares».

Funciona como auxiliar en perífrasis de infinitivo que denotan obligación y suposición o probabilidad:

1. *Deber* + infinitivo. Denota obligación.

Ejemplo:

Debo cumplir con el trabajo.

• Con este sentido, la norma culta rechaza en la actualidad el empleo de la preposición *de* delante de infinitivo.

Ejemplo:

Debería *de* haber más casas gratis para las personas de escasos recursos económicos.

2. *Deber de* + infinitivo. Denota probabilidad o suposición.

Ejemplo:

No se oye nada. Mis padres *deben de* haber salido.

• Sin embargo, con este sentido la lengua culta admite también el uso sin preposición.

Ejemplo:

Pedro, su hijo, *debe* tener unos once meses.

El uso de la coma

La coma (,), leemos en el *DPD*, es un signo de puntuación que suele indicar «la existencia de una pausa breve dentro de un enunciado. Se escribe pegada a la palabra o el signo que la precede y separada por un espacio de la palabra o el signo que la sigue. No siempre su presencia responde a la necesidad de realizar una pausa en la lectura y, viceversa, existen en la lectura pausas breves que no deben marcarse gráficamente mediante comas». Aunque en algunos casos el usar la coma en un determinado lugar del enunciado puede depender del gusto o de la intención de quien escribe, existen comas de presencia obligatoria en un escrito para que este pueda ser correctamente leído e interpretado.

Usos lingüísticos

1. Para delimitar incisos: «Deben utilizarse dos comas, una delante del comienzo del inciso y otra al final. En este caso, la coma sí indica pausa y el inciso se lee en un tono más grave que el del resto del enunciado». En la mayor parte de los casos relativos a este uso, puede alternarse con la raya.

Los incisos pueden ser:

a) Aposiciones explicativas.

Ejemplo:

Cuando llegó Ana, la hermana de mi novio, todo se aclaró.

b) Adjetivos explicativos que siguen al sustantivo o a oraciones adjetivas explicativas.

Ejemplos:

Los deportistas, cansados, volvieron a su país con unas horas de retraso (se explica que los deportistas estaban cansados, de ahí que se retrasaran).
La calle, que está al lado de la casa, es muy oscura (se explica que la calle de la que se habla está muy oscura).

• Por el contrario, si el adjetivo o la oración adjetiva tienen función especificativa, no se escriben entre comas.

Ejemplos:

Los deportistas cansados volvieron a su país con unas horas de retraso (se explica que, del total de los deportistas, algunos, los que estaban cansados, llegaron con retraso).
La calle que está al lado de la casa es muy oscura (se explica que, de entre todas las calles que hay en una zona determinada, se habla de la que está muy oscura).

c) Expresiones u oraciones de carácter accesorio, sin vinculación sintáctica con los elementos del enunciado en el que se insertan.

Ejemplos:

Tus postres, ¡qué delicia!, son los mejores que he probado.
Se presentó a dormir, dime tú si no es para ahorcarlo, con cinco amigos y sin avisar.

d) Cualquier otra clase de comentario, explicación o precisión a algo dicho.

Ejemplos:

Todos mis amigos, incluido Diego, estaban en desacuerdo.
Un buen presidente, según decía el pueblo, debe estar siempre preparado para tomar decisiones.

2. Sirve para separar o aislar elementos u oraciones dentro de un mismo enunciado.

a) La coma separa los elementos de una enumeración, a condición de que estos no sean complejos y en su expresión ya contengan comas; en tal caso se usará el punto y coma.

Ejemplo:

Ayer me comí dos manzanas, un plátano y tres ciruelas.

• Cuando la enumeración es completa o exhaustiva, señala el *DPD*, «el último elemento va introducido por una conjunción (*y, e, o, u, ni*), delante de la cual no debe escribirse coma».

Ejemplos:

Es una mujer muy inteligente, estudiosa y buena amiga.
No le gusta la leche, la fruta ni la carne.
¿Quieres jugo, vino o agua?

• «Si la enumeración es incompleta y se escogen solo algunos elementos representativos —prosigue el *DPD*—, no se escribe conjunción alguna ante el último término, sino coma. La enumeración puede cerrarse con *etcétera* (o su abreviatura *etc.*), con puntos suspensivos o, en usos expresivos, simplemente con punto».

Ejemplos:

Acudió toda la institución: rector, vicerrector, maestros, alumnos, *etc.*

Estamos amueblando la casa; compramos la cama, las sillas, los electrodomésticos...

En el campo todo transmite tranquilidad: los animales, el paisaje, la vegetación.

b) Los miembros gramaticalmente equivalentes en un mismo enunciado se separan por medio de comas. Al igual que en el caso anterior, si el último de los miembros va introducido por una conjunción (*y, e, o, u, ni*), delante de esta no se escribe coma.

Ejemplos:

Llegó, vio, venció.

Estaba preocupado por sus compañeros, por el estudio, por su novia.

No te vayas sin comer, apagar el televisor, lavar la ropa y cerrar la puerta.

c) Se aíslan entre comas los sustantivos que funcionan como vocativos, esto es, que sirven para llamar o nombrar al interlocutor.

Ejemplos:

Diego, no quiero que vayas.

Has de saber, Diego, que tu mamá es mi amiga.

• Cuando los enunciados son muy breves, se escribe coma aunque esta no refleje ninguna pausa en la lectura.

Ejemplos:

Sí, señora.
Sí, amiga.

d) Se escriben entre comas las interjecciones o locuciones interjectivas.

Ejemplos:

Bah, me da igual.
No sé, ¡ay de ti!, cuánto tiempo podrás aguantar.

e) Se escribe coma para separar el sujeto de los complementos verbales cuando el verbo está elidido tras ser mencionado o estar sobrentendido.

Ejemplos:

Su hija menor es delgada; la mayor, obesa.
Los que no tengan invitación, por la puerta de atrás.
Siete por cuatro, veintiocho.

f) Se escribe coma delante de las oraciones o elementos coordinados encabezados por adverbios correlativos que funcionen como conjunciones distributivas o disyuntivas, como *bien..., bien...; ora..., ora...; ya..., ya...*

Ejemplos:

Organizaremos la reunión, bien en el salón, bien en la casa.
Habrá quienes no estén de acuerdo con Pedro, ya porque quieran ir a la fiesta, ya porque no quieran salir.

• Se separan por comas las oraciones yuxtapuestas de sentido distributivo.

Ejemplo:

Unos ganaban dinero estudiando, otros negociando, los más cultivando.

• También las expresiones correlativas que reproducen un mismo esquema gramatical, propias de dichos populares o fórmulas fijas.

Ejemplo:

Ojos que no ven, corazón que no siente.

g) Es conveniente escribir coma delante de *excepto*, *salvo* y *menos*.

Ejemplos:

Todo me aburre, *excepto* tu compañía.
Diego siempre estaba cansado, *salvo* cuando se trataba de jugar.
Las mamás lo perdonan todo, *menos* las mentiras.

h) Se escribe coma delante de las conjunciones o locuciones conjuntivas que unen las oraciones que forman parte de una oración compuesta, en los siguientes casos:

1. Ante oraciones coordinadas adversativas introducidas por *pero, mas, aunque, sino (que)*.

Ejemplo:

Ve si quieres, *pero* luego no digas que no te avisé.

2. Ante oraciones consecutivas introducidas por *conque, así que, de manera que,* etc.

Ejemplo:

Prometiste ir, *así que* ahora no me salgas con pretextos.

3. Ante oraciones causales lógicas o explicativas, también llamadas, nos recuerda el *DPD*, «de la enunciación».

Ejemplo:

Ha nevado, porque hay nieve en el suelo.

• Por el contrario, las causales puras o reales, llamadas también «del enunciado», no se introducen mediante coma.

Ejemplo:

Hay nieve en el suelo porque ha nevado.

La diferencia entre ambos tipos de causales, leemos en el *DPD*, «es que las causales propiamente dichas expresan la causa real del hecho enunciado en la principal (el suelo está mojado porque ha llovido: la lluvia es la causa real de que el suelo esté mojado), mientras que las lógicas o explicativas no introducen la causa real de lo expresado en la oración principal, sino el hecho que permite al que habla afirmar o enunciar la oración principal (ha llovido, porque está el suelo mojado: lo que me lleva a afirmar que ha llovido es que el suelo está mojado)».

i) Se escribe coma para separar los dos términos de la construcción copulativa intensiva *no solo..., sino (también)...*

Ejemplo:

Las palabras fueron consideradas ofensivas no solo por mí, *sino (también)* por todos los estudiantes.

j) Cuando se invierte el orden normal de las partes de un enunciado, anteponiendo al verbo elementos que suelen ser pospuestos, se pone coma detrás del bloque anticipado en los siguientes casos:

1. En las oraciones simples, cuando los complementos circunstanciales preceden al verbo, excepto si son muy cortos.

Ejemplos:

En los fríos y lluviosos días del invierno anterior, la casa le pareció aún más acogedora.
En el tren no puedo leer.

• Cuando otros complementos verbales (directos, indirectos, complementos de régimen, etc.) anticipan su aparición, no corresponde escribir coma si la intención es destacar o enfatizar el elemento anticipado.

Ejemplo:

Vergüenza deberías tener.

• Sin embargo, si el elemento anticipado sencillamente expresa el tema acerca del cual se va a decir algo, la coma es opcional.

Ejemplos:

De mis amigos, no hablemos nunca / De mis amigos no hablemos nunca.
Leche, no tomo nunca / Leche no tomo nunca.

• En este último caso, la presencia de la coma es más conveniente cuanto más largo es el fragmento anticipado.

Ejemplo:

La costumbre de estudiar un día antes de los exámenes, nunca la he tenido.

2. En las oraciones compuestas, cuando la subordinada adverbial precede a la principal.

Ejemplos:

Aunque no lo creas, yo lo hice.
Dicho esto, el señor se fue.

• También en estos casos, si la subordinada es muy breve, nos advierte el *DPD*, se puede prescindir de la coma.

Ejemplo:

Si lo sé no voy.

k) Se escribe coma detrás de determinados enlaces como *sin embargo, no obstante, a saber, esto es, es decir, en primer lugar, pues bien, ahora bien, por un/otro lado, por una/otra parte, por último, con todo, en tal caso, en cambio, en fin, por el contrario, además,* y otros similares, así como detrás de muchos adverbios o locuciones adverbiales que modifican toda la oración y no solo a uno de sus elementos, como *naturalmente, por regla general, efectivamente, generalmente*, etc.

Ejemplos:

Por lo tanto, quienes no tengan entrada no podrán acceder al estadio.
No obstante, podrán ver el partido por televisión.

• Cuando las locuciones son de carácter anunciativo, continúa el *DPD*, «es posible sustituir la coma por los dos puntos si se desea realizar una pausa mayor, de intención enfática».

Ejemplo:

Voy ahora mismo; es más: estoy llegando.

l) Se escribe coma a continuación de los complementos encabezados por locuciones preposicionales de valor introductorio, como *respecto de, con respecto a, en cuanto a, en relación con, a tenor de, con referencia a*, etc.

Ejemplos:

En cuanto a mí, no me esperéis.
A tenor de lo visto, no volveré.

• Del mismo modo, corresponde escribir coma a continuación de los elementos encabezados por locuciones preposicionales o adverbiales de valor concesivo, condicional, causal, final, etc.

Ejemplos:

En ese caso, no iremos.
A pesar de todo, alcancé a llegar.
Para eso, hubiera sido mejor no ir.
Aun así, nadie te lo va a decir.

m) Se escribe coma cuando inmediatamente después de mencionarse una palabra, esta se repite para introducir una explicación sobre ella.

Ejemplo:

Se compró la mejor casa que había, casa que, a los pocos días, acabó vendiendo.

n) La palabra *etcétera* (o su abreviatura *etc.*) se separa con coma del resto del enunciado.

Ejemplos:

Los libros más leídos como los de ficción, poesía, filosofía, *etcétera*, estaban agotados.
Los libros más leídos como los de ficción, poesía, filosofía, *etc.*, estaban agotados.

ñ) Cuando se trata de datar cartas y documentos, la coma se escribe entre el lugar y la fecha.

Ejemplos:

Miami, 10 de noviembre de 2014.
En Bogotá, a 20 de marzo de 2014.

- O entre el día de la semana y el del mes.

Ejemplo:

Viernes, 15 de septiembre de 2008.

3. A fin de distinguir entre sentidos posibles de un único enunciado. Dependiendo de la puntuación, una misma secuencia de palabras puede tener varios significados.

Ejemplo:

Me he bañado, como me indicaron (me indicaron que me bañara) / Me he bañado como me indicaron (me indicaron cómo debía bañarme).
Si no se coloca coma detrás de *mientras*, esta palabra tiene valor de conjunción.

Ejemplo:

Mientras hizo lo que debía, no hubo problemas.

- Si va seguida de coma, tiene valor de adverbio de tiempo.

Ejemplo:

Mientras, hizo lo que debía.

Uso con las conjunciones copulativas y disyuntivas

Según señala la RAE, el uso de la coma es incompatible con las conjunciones *y, e, ni, o, u* cuando dicho signo se emplea para separar elementos de una misma serie o miembros gramaticalmente equivalentes en un mismo enunciado. Sin embargo, hay otros casos en que el uso conjunto de la coma y la conjunción no solo es admisible, sino necesario:

a) En una relación compuesta de elementos complejos separados entre sí por punto y coma, delante de la conjunción que introduce el último de ellos corresponde escribir una coma (o también un punto y coma).

Ejemplo:

En la sala ubicó el sofá; en la cocina la nevera, la estufa; en las habitaciones, las camas, y los libros, en el estudio.

b) Se escribe coma delante de las citadas conjunciones cuando la secuencia que encabezan enlaza con la totalidad del predicado anterior y no con el último de sus miembros coordinados.

Ejemplos:

Pagó el sombrero, el traje y los zapatos, y salió de la tienda.
No sé si ir a la montaña o al mar, o quedarme en casa.

c) «Cuando se enlazan miembros gramaticalmente equivalentes dentro de un mismo enunciado —leemos en el *DPD*—, si el último de ellos es semánticamente heterogéneo con respecto a los anteriores (es decir, no introduce un elemento perteneciente a la misma serie o enumeración), por indicar normalmente una conclusión o una consecuencia, se escribe coma delante de la conjunción».

Ejemplo:

Pintaron las paredes del salón, cambiaron la disposición de los alumnos, pusieron tableros nuevos, y quedaron encantados con el resultado.

d) «Es frecuente —continúa el *DPD*—, aunque no obligatorio, que entre oraciones coordinadas se ponga coma delante de la conjunción cuando la primera tiene cierta extensión y, especialmente, cuando tienen sujetos distintos».

Ejemplos:

El señor salía de casa a la misma hora, y la señora lo engañaba sin que él lo sospechase.
Vienes conmigo, o te quedas aquí.

e) Cuando la conjunción *y* tiene valor adversativo (equivalente a *pero*), puede ir precedida de coma.

Ejemplo:

Le aconsejé que leyera, y no hizo caso.

f) Delante o detrás de conjunciones comparativas o adversativas ha de escribirse coma si inmediatamente antes o después hay un inciso, o cualquier otro elemento, que tenga que ir aislado por comas del resto del enunciado.

Ejemplos:

Mi padre, que era un gran aficionado a la lectura, y su mejor amigo escribieron un libro.
Puedes venir o, por el contrario, quedarte aquí.

Usos incorrectos de la coma

a) Es incorrecto introducir una coma entre el sujeto y el verbo de una oración, aun cuando el sujeto esté compuesto de varios elementos separados por comas.

Ejemplo:

Mis amigos, mis familiares, mis compañeros, me regañaron ayer.

• Cuando el sujeto es extenso, se acostumbra hacer oralmente una pausa antes del comienzo del predicado; sin embargo, esta pausa no debe marcarse gráficamente con una coma.

Ejemplo:

Los estudiantes que no hayan presentado el examen antes de la fecha fijada por el profesor [pausa] no aprobarán la asignatura.

• Dos son las excepciones a esta regla, nos recuerda la RAE: «Cuando el sujeto es una enumeración que se cierra con *etcétera* (o su abreviatura *etc.*) y cuando inmediatamente después del sujeto se abre un inciso o aparece cualquiera de los elementos que se aíslan por comas del resto del enunciado». En tales casos aparece necesariamente una coma antes del verbo de la oración.

Ejemplos:

La novia, los familiares, los compañeros, etc., aguardaban la llegada del novio.
Mi esposa, como tú sabes, es una gran mujer.

b) No debe escribirse coma delante de la conjunción *que* cuando esta tiene sentido consecutivo y va precedida, inmediatamente o no, de *tan(to)* o *tal*.

Ejemplos:

Dependían *tanto* uno del otro *que* no podían vivir solos.
La situación había llegado a *tal* punto *que* ya no era posible seguir juntos.

c) No debe escribirse coma detrás de *pero* cuando este antecede a una oración interrogativa o exclamativa.

Ejemplos:

Pero ¿adónde vas?
Pero ¡qué emoción!

• El empleo de la coma tras las fórmulas de saludo en misivas y documentos constituye un anglicismo ortográfico que debe evitarse; en español se usan los dos puntos.

Ejemplo:

Querida mamá,
Te escribo esta carta para comunicarte...

Debe ser:

Querida mamá:
Te escribo esta carta para comunicarte...

Usos no lingüísticos de la coma

«En las expresiones numéricas escritas con cifras —se señala en el *DPD*— la normativa internacional establece el uso de la coma para separar la parte entera de la parte decimal. La coma debe escribirse en la parte inferior del renglón, nunca en la parte superior».

Ejemplo:

$\pi = 3{,}1416$.

• No obstante, se acepta también el uso anglosajón del punto, extendido en algunos países hispanoamericanos.

Ejemplo:

$\pi = 3{.}1416$.

El uso del punto y coma

El punto y coma, leemos en el *DPD*, «es un signo de puntuación (;) que indica una pausa mayor que la marcada por la coma y menor que la señalada por el punto. Se escribe pegado a la palabra o el signo que lo precede, y separado por un espacio de la palabra o el signo que lo sigue. La primera palabra que sigue al punto y coma debe escribirse siempre con minúscula (la única excepción se da en obras de contenido lingüístico, en las que es práctica común separar con este signo de puntuación los diferentes ejemplos que se ofrecen, cada uno de los cuales, cuando se trata de enunciados independientes, comienza, como es natural, con mayúscula».

De todos los signos de puntuación, el punto y coma es el que presenta un mayor grado de subjetividad en su uso. En numerosos casos es posible optar, en su lugar, por otro signo de puntuación, como el punto y seguido, los dos puntos o la coma. No obstante, ello no significa que el punto y coma sea un signo prescindible.

Usos del punto y coma:

a) Para separar los elementos de una enumeración en los casos de expresiones complejas que incluyen comas.

Ejemplos:

Cada uno irá por un lado diferente: el primero, por la derecha; el segundo, de frente; el tercero, por la izquierda.

Se reunieron el presidente, Diego Hernández; el ministro de Educación, Jaime Suárez; la ministra de Minas, Ana Muñoz; y el secretario general, Óscar Ramírez.

• Cuando al último elemento de la relación lo antecede una conjunción, delante de esta también puede emplearse la coma.

b) Para separar oraciones sintácticamente independientes entre las que existe una estrecha relación semántica.

Ejemplos:

Era necesario que el bar estuviera abierto todo el día; hubo que establecer turnos.

Todo el mundo a leer; ya no hay nada más importante.

• «En la mayor parte de estos casos —señala el *DPD*—, se podría utilizar el punto y seguido. La elección de uno u otro signo depende de la vinculación semántica que quien escribe considera que existe entre los enunciados. Si el vínculo se estima débil, se prefiere usar el punto y seguido; si se juzga más sólido, es conveniente optar por el punto y coma. —Y añade—: También se podrían usar los dos puntos, puesto que casi siempre subyacen las mismas relaciones que expresan estos cuando conectan oraciones».

c) Se escribe punto y coma delante de conectores de sentido adversativo, concesivo o consecutivo, como *pero, aunque, mas, sin embargo, empero, por consiguiente, por lo tanto*, etc., cuando las oraciones que encabezan tienen cierta longitud.

Ejemplo:

Los alumnos no estudiaron durante todo el año; sin embargo, los resultados no fueron los que el maestro esperaba.

• Si el período encabezado por la conjunción es corto, se usa la coma, pero si presenta una extensión considerable, es mejor usar el punto y seguido.

Ejemplos:

Vendrá, pero no hoy.
Este año no han sido buenos los resultados de los exámenes que sacaron los estudiantes del colegio. Por consiguiente, se espera que haya muchos alumnos que pierdan el año.

d) Corresponde poner punto y coma detrás de cada uno de los elementos de una lista o relación cuando los mismos se escriben en líneas independientes y se inician con minúscula, salvo a continuación del último, que se cierra con punto.

Ejemplo:

Conjugaciones en español:
verbos terminados en -*ar* (primera conjugación);
verbos terminados en -*er* (segunda conjugación);
verbos terminados en -*ir* (tercera conjugación).

e) El plural del nombre «punto y coma» es invariable.

Ejemplo:

Coloque los puntos, las comas y *los punto y coma* que considere necesarios en el siguiente texto.

• No obstante, siempre puede recurrirse, para un plural ine-quívoco, a la anteposición del sustantivo *signos*.

Ejemplo:

El texto estaba plagado de *signos de punto y coma*.

El uso de los dos puntos

«Los dos puntos —explica el DPD—, son un signo de puntuación (:) que representa una pausa mayor que la de la coma y menor que la del punto. Detienen el discurso para llamar la atención sobre lo que sigue, que siempre está en estrecha relación con el texto precedente. Se escriben pegados a la palabra o el signo que los antecede, y separados por un espacio de la palabra o el signo que los sigue».

Usos lingüísticos

a) Preceden a una enumeración de carácter explicativo.

Ejemplo:

Me compré dos vestidos: uno de color azul y otro rojo.

b) Cuando se anticipan los elementos de la enumeración, los dos puntos sirven para cerrarla y dar paso al concepto que los engloba.

Ejemplo:

Leer, hablar y escribir bien: eso caracteriza a una persona educada.

c) Preceden a la reproducción de citas o palabras textuales, que han de escribirse entre comillas e iniciarse con mayúscula.

Ejemplo:

Ya lo dijo Sócrates: «Solo sé que nada sé».

d) Se usan a continuación de las fórmulas de saludo en el encabezamiento de cartas y documentos. En este caso, la palabra que sigue a los dos puntos, y que inicia el cuerpo de la misiva, debe escribirse con inicial mayúscula y en renglón aparte.

Ejemplo:

Querido señor:
La presente es con el fin de...

• Es costumbre anglosajona, que ha de evitarse en español, emplear la coma en sustitución de los dos puntos.

Ejemplo:

Querida amiga,
Te escribo para contarte...

e) Sirven para separar una ejemplificación del resto de la oración.

Ejemplo:

A veces no lo entiendo: ayer estaba de mal genio.

f) «En textos jurídicos y administrativos —indica el *DPD*—, como decretos, sentencias, bandos, edictos, certificados o instancias, se colocan después del verbo que presenta el objetivo fundamental del documento y que va escrito con todas sus letras en mayúscula. La primera palabra que sigue a dicho verbo se escribe con inicial mayúscula y en párrafo aparte».

Ejemplo:

Se certifica:
Que la señora Ana Duarte ha aprobado el examen...

• Solo en el presente caso los dos puntos son compatibles con la conjunción subordinante *que*.

g) Sirven para indicar una pausa enfática a continuación de locuciones de carácter introductorio como *pues bien, ahora bien, a saber, en otras palabras, dicho de otro modo, más aún...,* y no necesitan que la oración que los sigue se inicie con mayúscula.

Ejemplo:

Me gusta hablar y escribir bien; ¿recuerdas lo que te conté? *Pues bien*: ya he terminado.

• En la mayor parte de estos casos los dos puntos son remplazables por una coma. La diferencia entre el empleo de un signo u otro reside en que con la coma el énfasis desaparece y la expectación creada en el lector respecto de lo que se va a decir es menor.

h) Se usan también para conectar oraciones relacionadas entre sí sin necesidad de recurrir a otro nexo. Las relaciones que pueden expresar son varias:

1. Causa-efecto.

Ejemplo:

Se ha quedado sin vacaciones: no podrá viajar con su familia.

2. Conclusión, consecuencia o resumen de la oración anterior.

Ejemplo:

El esfuerzo fue en vano: al final perdimos el juego.

3. Verificación o explicación de la oración anterior, cuyo sentido suele ser más general.

Ejemplo:

La fruta es muy saludable y nutritiva: tiene las vitaminas que el organismo necesita.

i) Es incorrecto escribir dos puntos entre una preposición y el sustantivo o sustantivos que la misma introduce.

Ejemplos:

Uso incorrecto:

En la asamblea había representantes de: Brasil y España.
El trabajo estuvo coordinado por: Jaime González.

Uso correcto:

En la asamblea había representantes de Brasil y España.
El trabajo estuvo coordinado por Jaime González.

Usos no lingüísticos

a) Se emplean para separar las horas de los minutos en la expresión de la hora. Entre los dos puntos y las cifras colindantes no debe dejarse espacio de separación.

Ejemplo:

Son las 17:30 h.

b) Indican división en expresiones matemáticas. En este caso, se escriben con espacio de separación respecto de las cifras colindantes.

Ejemplo:

8 : 2 = 4.

- En este uso alternan con la barra y con el símbolo ÷.

Diferencia entre *aún* y *aun*

1. El adverbio *aún* es normalmente tónico y debe escribirse con tilde cuando puede sustituirse por *todavía*, con los valores siguientes:

a) Con valor temporal, denotando la continuidad o persistencia de una situación.

Ejemplo:

Después de tantos días, *aún* está esperando que la llame.

b) Con valor ponderativo o intensivo (a menudo en oraciones de sentido comparativo, acompañado de los adverbios *más*, *menos*, *mejor*, *peor*, etc.).

Ejemplos:

Ganó el campeonato y *aún* no lo cree.
Su novia me parece *aún* más bonita que la anterior.
Peor *aún* que no saber es no querer aprender.

2. El adverbio *aun* es normalmente átono y debe escribirse sin tilde en los casos siguientes:

a) Cuando, con valor inclusivo-ponderativo, se emplea con el mismo sentido que *incluso*, *hasta*, *también* (o *siquiera* cuando va precedido de *ni* en construcciones de sentido negativo).

Ejemplos:

Puede quejarse y *aun* acusarme, pero no lo haré.
Saludé a todos, *aun* a los que me caen mal.

b) Cuando su valor es concesivo (equivalente a *aunque* o *a pesar de*), tanto en la locución conjuntiva *aun cuando*, como seguido de un gerundio, un adverbio, un participio o un grupo preposicional.

Ejemplos:

Te lo daré *aun cuando* no lo pidas (aunque no lo pidas).
Es una buena casa y, *aun así* (a pesar de ello), no la comprará.

El correcto uso de *hubieron*

La forma verbal *hubieron* es la que corresponde a la tercera persona del plural del pretérito perfecto simple o pretérito de indicativo del verbo *haber*: hube, hubiste, hubo, hubimos, hubisteis, hubieron.

Usos correctos

Esta forma verbal, señala la RAE (véase *www.rae.es/consultas*), se emplea de forma correcta en los siguientes casos:

a) «Para formar, seguida del participio del verbo que se está conjugando, la tercera persona del plural del tiempo compuesto denominado pretérito anterior o antepretérito de indicativo: *hubieron terminado, hubieron comido, hubieron salido*. Este tiempo indica que la acción denotada por el verbo ha ocurrido en un momento inmediatamente anterior al de otra acción sucedida también en el pasado».

Ejemplo:

Cuando todas *hubieron comido*, se marcharon sin despedirse.

• «En el uso actual —continúa la RAE—, este tiempo verbal aparece siempre precedido de nexos como *cuando, tan pronto como, una vez que, después (de) que, hasta que, luego que, así que, no bien, apenas.*

»Prácticamente no se emplea en la lengua oral y es hoy raro también en la escrita, pues en su lugar suele usarse, bien el pretérito perfecto simple o pretérito de indicativo. (Cuando todas terminaron, se marcharon sin despedirse.)»

b) Como forma de la tercera persona del plural del pretérito perfecto simple o pretérito de indicativo de la perífrasis verbal *haber de + infinitivo*, la cual denota necesidad u obligación y equivale a la actualmente más usual *tener que + infinitivo.*

Ejemplo:

El entrenador y su equipo *hubieron de recorrer* muchos estadios antes de encontrar la cancha apropiada para jugar.

Uso incorrecto

No debe considerarse correcto el empleo de la forma *hubieron* cuando el verbo *haber* se usa para denotar la presencia o existencia de personas o cosas, ya que con este valor *haber* es impersonal y, en consecuencia, carece de sujeto (el elemento nominal que aparece junto al verbo es el complemento directo) y se emplea únicamente en tercera persona del singular.

Así pues:

Incorrecto:

Hubieron muchos jugadores.
No *hubieron* problemas para entrar en el estadio.

Correcto:

Hubo muchos jugadores.
No *hubo* problemas para entrar en el estadio.

Diferencia entre *a ver* y *haber*

A pesar de que *a ver* y *haber* se pronuncian del mismo modo, en la escritura deben distinguirse adecuadamente.

1. A ver: secuencia constituida por la preposición *a* y el infinitivo verbal *ver.*

Ejemplos:

Vete *a ver* qué están haciendo.
Me llevaron *a ver* a mis abuelos.

Como expresión fija, presenta distintos valores y usos:

a) En tono interrogativo, se usa para solicitar al interlocutor que nos permita ver o comprobar algo:

Ejemplos:

—Mira lo que he comprado.
—¿A ver?

• En general denota expectación o interés por saber algo, y suele seguirla una interrogativa indirecta.

Ejemplo:

A *ver* cuándo nos invitan.

b) Se emplea para llamar la atención del interlocutor antes de preguntarle, pedirle u ordenarle algo.

Ejemplos:

A *ver*, ¿has hecho lo que acordamos?
A *ver*, trae la maleta.

c) Equivale a *claro* o *naturalmente*, para expresar la aceptación de algo que se considera inevitable.

Ejemplos:

—¡A *ver!* Si no vamos, perderemos la oportunidad de hacerlo.

d) Delante de una oración introducida por la conjunción *si*, expresa, bien expectación, curiosidad o interés, en ocasiones en forma de reto; bien sospecha o temor; bien deseo o mandato.

Ejemplos:

¡A *ver* si puedes hacerlo!
A *ver* si lo haces.
A *ver* si lees más de ahora en adelante.

• En muchos de estos casos es posible reemplazar la secuencia *a ver* por *veamos*, lo cual pone de manifiesto su relación con el verbo *ver* y no con el verbo *haber*.

Ejemplos:

A ver con quién va mañana (= Veamos con quién va mañana).
A ver si te atreves a hacerlo (= Veamos si te atreves a hacerlo).

2. *Haber*: puede ser verbo o sustantivo.

a) Como verbo, se emplea como auxiliar, seguido de un participio, para formar los infinitivos compuestos de la conjugación.

Ejemplos:

Haber ido antes.
Sigo sin *haber entendido* lo que me dijiste.

• Asimismo, se usa como infinitivo del verbo impersonal que denota, por el sustantivo que lo acompaña, la existencia o presencia de lo designado.

Ejemplos:

Parece *haber* un gato en la casa.
Tiene que *haber* comida en la casa.

b) Como sustantivo, *haber* es masculino y significa, en general, «conjunto de bienes o caudales de una persona».

Diferencia entre *sino* y *si no*

1. La palabra *sino* puede ser:

a) Un sustantivo que, según el *Diccionario del español actual*, de Manuel Seco, Olimpia Andrés y Gabino Ramos, significa «destino». Como todos los sustantivos, es tónico (es decir, tiene acento prosódico) y se pronuncia [síno].

Ejemplo:

Conocernos ha sido nuestro *sino*.

b) Una conjunción adversativa. Como la mayor parte de las conjunciones, es átona (carece de acento prosódico). Tiene los siguientes valores:

1. Se usa para contraponer un concepto afirmativo a otro negativo expresado antes.

Ejemplo:

No corre, *sino* vuela.

2. En correlación con *no solo* denota adición de otro u otros miembros a la cláusula.

Ejemplo:

No solo debes leer, *sino* reflexionar.

3. En ocasiones toma el valor de *excepto*.

Ejemplo:

¿Qué podemos hacer *sino* llamarlo?

4. Toma a veces el valor de *más que, otra cosa que*.

Ejemplo:

Él no quería *sino* volver con ella.

2. La secuencia *si no* está formada por la conjunción *si* y el adverbio de negación *no*. El adverbio es tónico y, por lo tanto, esta secuencia se pronuncia [sinó].

Ejemplos:

Si no lo vas a hacer, dímelo.
No sé *si no* lo haré.
Vengo a verte. ¿A quién *si no*?

El uso de *junto a* y *junto con*

1. *Junto:* su uso como adverbio, nos recuerda el *Diccionario de la lengua española*, tiene el significado de *juntamente, cerca* o *al lado*, normal en varios países de Latinoamérica.

Ejemplo:

Diego vive aquí *junto*.

2. *Junto a:* «Al lado de o cerca de».

Ejemplo:

Se detuvo de nuevo *junto a* la mesa.

- También puede decirse *junto de*, pero es menos frecuente.

Ejemplo:

Puso el sillón *junto de* la cama.

3. *Junto con:* «En compañía de o con la colaboración de». Cuando esta locución preposicional introduce un complemento de compañía que se suma a un sujeto singular, el verbo, cuando va pospuesto a ambos elementos, aparece en ocasiones en plural, concertando con la pluralidad de referentes que suponen el sujeto y el complemento.

Ejemplo:

Él, *junto con* sus amigos, se fueron a ver el partido.

Tilde en las mayúsculas

De acuerdo con la RAE, las letras mayúsculas «deben escribirse con tilde si les corresponde llevarla según las reglas de acentuación gráfica del español, tanto si se trata de palabras escritas en su totalidad con mayúsculas como si se trata únicamente de la mayúscula inicial».

Ejemplos:

Tu hijo se llama Álvaro.

• La RAE, conviene recordarlo, nunca ha establecido una norma en sentido contrario. Así pues, la acentuación gráfica de las letras mayúsculas no es opcional, sino obligatoria, y afecta a cualquier tipo de texto.

Las únicas mayúsculas que no se acentúan son las que forman parte de las siglas; así, CIA (sigla del inglés «Central Intelligence Agency») no lleva tilde, aunque el hiato entre la vocal cerrada tónica y la vocal abierta átona lo exige de acuerdo con las reglas de acentuación.

El uso de *el* ante sustantivos femeninos
que comienzan por *a* tónica

Explica la RAE en el *DPD* que «el artículo femenino *la* toma obligatoriamente la forma *el* cuando se antepone a sustantivos femeninos que comienzan por *a* tónica (gráficamente a- o ha-), con muy pocas excepciones (véase más abajo); así, decimos *el águila*, *el aula* o *el hacha* (y no *la águila*, *la aula* o *la hacha*)». Si bien esta forma es idéntica a la del artículo masculino, en estos casos se trata, en realidad, de una variante formal del artículo femenino. El artículo femenino *la* deriva del demostrativo latino *illa*, que, en un primer estadio de su evolución, «dio *ela*, forma que, ante consonante, tendía a perder la e inicial: *illa (e)la* + consonante > *la*; por el contrario, ante vocal, incluso ante vocal átona, la forma *ela* tendía a perder la *a* final: *illa* > *el(a)* + vocal > *el*; así, de *ela* agua > *el(a)* agua > *el agua*; de *ela* arena > *el(a)* arena > *el arena* o de *ela* espada > *el(a)* espada > *el espada*. Con el tiempo, esta tendencia se mantuvo únicamente delante de sustantivos que empezaban por *a* tónica, y así ha llegado a nuestros días.

El empleo de la forma *el* delante de nombres femeninos se da únicamente cuando el artículo precede inmediatamente al sustantivo, no cuando entre ambos se interpone otro elemento.

Ejemplo:

El agua está caliente, pero es la temperatura ideal para bañarme.

En la lengua actual, prosigue el *DPD*, este fenómeno se produce únicamente ante sustantivos, y no ante adjetivos; así, aunque en la lengua medieval y clásica eran normales secuencias como *el alta hierba* o *el alta cumbre*, hoy diríamos *la alta hierba* o *la alta cumbre*.

Aun si se elide el sustantivo, continúa usándose delante del adjetivo la forma *la*: «*La Europa húmeda* no tiene necesidad de irrigación, mientras que la árida, como España, está obligada a ello».

Ante sustantivos que comienzan por *a* átona, en la actualidad se usa únicamente la forma *la*: *la amapola, la habitación*.

Debe evitarse, por lo tanto, el error, por demás frecuente, de emplear la forma *el* del artículo ante los derivados de sustantivos femeninos que comienzan por *a* tónica, cuando esa forma derivada ya no lleva el acento en la *a* inicial; en consecuencia, debe decirse, por ejemplo, *la aguja*, y no *el aguja*.

Este mismo error, nos recuerda el *DPD*, «debe evitarse en el caso de sustantivos femeninos compuestos que comienzan por *a* átona, pero cuyo primer elemento, como palabra independiente, comienza por *a* tónica; así, por ejemplo, debe decirse: *la aguamarina*, y no *el aguamarina*».

Hay excepciones al uso de la forma *el* del artículo ante sustantivos femeninos que comienzan por *a* tónica. Al respecto, debe tenerse en cuenta lo siguiente:

• Se usa *la* y no *el* ante los nombres de las letras *a, hache* y *alfa*.

Ejemplos:

La m con *la a*, ma.
La hache es muda, no invisible.

El plural *gentes*

a) En el español general, el sustantivo femenino «gente» se emplea como nombre colectivo no contable y significa «personas».

Ejemplos:

La *gente* habla bien.
Al lado de nosotros había un grupo de *gente* descansando.

• Como otros nombres colectivos, admite un plural expresivo, usado casi exclusivamente en la lengua literaria.

Ejemplo:

Fue él quien me introdujo en las aventuras, en las celebraciones, en las *gentes* de aquí.

• La divergencia entre su referente (plural) y su número gramatical (singular), señala el *DPD*, «puede dar lugar a errores de concordancia».

b) En el español de ciertas zonas de América, especialmente en México y varios países centroamericanos, se emplea también con el sentido de «persona» o «individuo», esto es, como sustantivo contable y no colectivo.

Ejemplo:

Pedro era una *gente* muy amable.

• Con este sentido, su uso en plural es obligado cuando se quiere aludir a más de una persona.

Ejemplo:

Al lado de la piscina, en la que podían caber muchas *gentes*, había unas cuarenta sillas.

• En España únicamente es normal el empleo de *gente* con referente singular en la expresión «buena [o mala] gente», que se documenta también en el español americano.

Ejemplos:

Él es muy *buena gente.*
Ella, por su parte, no era *mala gente.*

c) En el español coloquial de muchos países de América se emplea también, como adjetivo o como sustantivo, con el sentido de «persona honesta, amable y servicial» y «persona distinguida o de buena posición».

Ejemplos:

Sería conveniente que viniera el abogado Gonzalo; él es muy *gente* y seguramente no le fallará.
Él es para todos menos que nada, aunque algunos hablen de él como si fuera *gente.*

La formación del plural en español

Reglas de formación del plural en español

Señala la RAE en el *DPD*, que en español hay dos «marcas» para formar el plural de los sustantivos y adjetivos: *-s* y *–es*.

Existe asimismo la posibilidad de que permanezcan invariables, si bien no es lo normal. La elección de una de estas opciones ha de ajustarse a las siguientes reglas:

a) Sustantivos y adjetivos terminados en vocal átona. Forman el plural con -s: *pesas, medidas, vasos, llanos, tribus.*

b) Sustantivos y adjetivos terminados en -á, -é, -ó. Aunque los terminados en *-a* y en *-o* tónicas vacilaron durante un tiempo entre el plural en *-s* y el plural en *-es*, actualmente forman el plural solo con *-s*: *mamás, sofás, bajás, burós, rococós, dominós.*

Los terminados en *-e* tónica también forman el plural en *-s*: *bebés, cafés, comités, pies.*

Son excepción a esta regla, recuerda el *DPD*, los sustantivos «faralá» y «albalá», y el adverbio «no» en función sustantiva, que forman el plural con *-es*: *faralaes, albalaes, noes.*

También es excepción el pronombre «yo» cuando funciona como sustantivo, pues admite ambos plurales: *yoes* y *yos.*

Son vulgares los plurales terminados en *-ses*, como: *sofases* o *cafeses.*

c) Sustantivos y adjetivos terminados en *-í, -ú*. Admiten por lo general dos formas de plural, una con *-es* y otra con *-s*, aunque en la lengua culta suele preferirse la primera: *bisturíes* o *bisturís*, *carmesíes* o *carmesís*, *tisúes* o *tisús*, *tabúes* o *tabús*.

En los gentilicios, aunque no se consideran incorrectos los plurales en *-s*, se utilizan casi exclusivamente en la lengua culta los plurales en *-es*: *israelíes*, *marroquíes*, *hindúes*, *bantúes*.

Por otra parte, hay voces, generalmente las procedentes de otras lenguas o las que pertenecen a registros coloquiales o populares, que solo forman el plural con *-s*: *gachís*, *pirulís*, *popurrís*, *champús*, *menús*, *tutús*, *vermús*.

El plural del adverbio «sí», cuando funciona como sustantivo, es *síes*, a diferencia de lo que ocurre con la nota musical «si», cuyo plural es *sis*.

Son vulgares los plurales terminados en *-ses*, como: *gachises*.

d) Sustantivos y adjetivos terminados en *-y* precedida de vocal. Leemos en el *DPD*: «Forman tradicionalmente su plural con *-es*: "rey", pl. *reyes*; "ley", pl. *leyes*; "buey", pl. *bueyes*; "ay", pl. *ayes*; "convoy", pl. *convoyes*; "bocoy", pl. *bocoyes*».

Sin embargo, «los sustantivos y adjetivos con esta misma configuración que se han incorporado al uso más recientemente —en su mayoría palabras tomadas de otras lenguas— hacen su plural en *-s*».

En ese caso, se nos recuerda, «la *y* del singular mantiene en plural su carácter vocálico y, por lo tanto, debe pasar a escribirse *i*: "gay", pl. *gais*; "jersey", pl. *jerséis*; "espray", pl. *espráis*; "yóquey", pl. *yoqueis*».

Pertenecen a la etapa de transición entre una norma y otra y admiten, a causa de ello, ambos plurales las siguientes palabras: «coy», pl. *coyes* o *cois*; «estay», pl. *estayes* o *estáis*; «noray», pl. *norayes* o *noráis*; «guirigay», pl. *guirigayes* o *guirigáis*, con preferencia hoy por las formas con *-s*.

Son vulgares los plurales terminados en *-ses*, como: *jerseises*.

e) Voces extranjeras terminadas en *-y* precedida de consonante. Deben adaptarse gráficamente al español sustituyendo la

-*y* por -*i*: «dandi» (del ingl. *dandy*); «panti» (del ingl. *panty*); «ferri» (del ingl. *ferry*).

Su plural se forma, como el de las palabras españolas con esta terminación, añadiendo una -*s*: *dandis, pantis, ferris*.

No son admisibles, por lo tanto, los plurales que conservan la -*y* del singular etimológico, como *dandys, pantys, ferrys*.

f) Sustantivos y adjetivos terminados en -*s* o en -*x*. «Si son monosílabos o polisílabos agudos», leemos en el *DPD*, «forman el plural añadiendo -*es*: "tos", pl. *toses*; "vals", pl. *valses*, "fax", pl. *faxes*; "compás", pl. *compases*; "francés", pl. *franceses*».

En los demás casos, permanecen invariables: «crisis», pl. *crisis*; «virus», pl. *virus*; «tórax», pl. *tórax*; «bíceps», pl. *bíceps*.

Es excepción a esta regla el monosílabo «dux», que es invariable en plural: los *dux*.

Permanecen asimismo invariables los polisílabos agudos cuando se trata de voces compuestas cuyo segundo elemento es un plural: «ciempiés», pl. *ciempiés* (no *ciempieses*); «buscapiés», pl. *buscapiés* (no *buscapieses*), «pasapurés», pl. *pasapurés* (no *pasapureses*).

g) Sustantivos y adjetivos terminados en -*l*, -*r*, -*n*, -*d*, -*z*, -*j*. Excepto cuando van precedidas de otra consonante (*j*), forman el plural con -*es*: «dócil», pl. *dóciles*; «color», pl. *colores*; «pan», pl. *panes*; «césped», pl. *céspedes*; «cáliz», pl. *cálices*; «reloj», pl. *relojes*.

Los extranjerismos adaptados que terminen en dichas consonantes deben seguir esta misma regla: «píxel», pl. *píxeles*; «máster», pl. *másteres*; «pin», pl. *pines*; «interfaz», pl. *interfaces*; «sij», pl. *sijes*.

Son excepción las palabras esdrújulas, que permanecen invariables en plural: «polisíndeton», pl. *(los) polisíndeton*; «trávelin», pl. *(los) trávelin*; «cáterin», pl. *(los) cáterin*.

Excepcionalmente, el plural de «hipérbaton» es *hipérbatos*.

h) Sustantivos y adjetivos terminados en consonantes distintas de -*l*, -*r*, -*n*, -*d*, -*z*, -*j*, -*s*, -*x*, -*ch*. De acuerdo con la RAE, «se trata de onomatopeyas o de voces adaptadas procedentes de otras lenguas, hacen el plural en -*s*: "crac", pl. *cracs*; "zigzag", pl. *zig-*

zags; "esnob", pl. *esnobs*; "chip", pl. *chips*; "mamut", pl. *mamuts*; "cómic", pl. *cómics*. Se exceptúa de esta regla la palabra "club", que admite dos plurales, *clubs* y *clubes*».

También son excepciones el arabismo «imam», cuyo plural asentado es *imames*, y el latinismo «álbum», cuyo plural asentado es *álbumes*.

i) Sustantivos y adjetivos terminados en -*ch*. Procedentes de otras lenguas, se mantienen invariables en plural: *(los) crómlech*, *(los) zarévich*, *(los) pech*, o bien forman el plural en -es: «sándwich», pl. *sándwiches*; «maquech», pl. *maqueches*.

j) Sustantivos y adjetivos terminados en grupo consonántico. Procedentes también de otras lenguas, forman el plural con -*s* (salvo aquellos que terminan ya en -*s*, que siguen la regla general): «gong», pl. *gongs*; «iceberg», pl. *icebergs*; «récord», pl. *récords*.

Se exceptúan de esta norma las voces «compost», «karst», «test», «trust» y «kibutz», que permanecen invariables en plural, ya que en estos casos la adición de una -*s* daría lugar a una secuencia de difícil articulación en español.

Son asimismo excepción los anglicismos «lord» y «milord», cuyo plural asentado en español es *lores* y *milores*, respectivamente.

k) Plural de los latinismos. Leemos en el *DPD*: «Aunque tradicionalmente se venía recomendando mantener invariables en plural ciertos latinismos terminados en consonante, muchos de ellos se han acomodado ya, en el uso mayoritario, a las reglas de formación del plural que rigen para el resto de las palabras y que han sido expuestas en los párrafos anteriores». Así pues, y como norma general, «los latinismos adaptados hacen el plural en -*s*, en -*es* o quedan invariables dependiendo de sus características formales, al igual que ocurre con el resto de los préstamos de otras lenguas: «ratio», pl. *ratios*; «plus», pl. *pluses*; «lapsus», pl. *lapsus*; «nomenclátor», pl. *nomenclátores*; «execuátur», pl. *execuátures*; «confíteor», pl. *confíteor*; «déficit», pl. *déficits*; «hábitat», pl. *hábitats*; «vademécum», pl. *vademécums*; ítem, pl. *ítems*».

Constituye una excepción la palabra «álbum» (véase *h*). En

general, se aconseja usar con preferencia, cuando existan, las variantes hispanizadas de los latinismos y, en consecuencia, también su plural. Así pues, se preferirá «armonio» (pl. *armonios*) a *armónium*; «currículo» (pl. *currículos*) a *currículum*; «podio» (pl. *podios*) a *pódium*.

No deben emplearse en español los plurales latinos terminados en *-a* propios de los sustantivos neutros, como: *córpora*, *currícula*, etc., que sí son normales en otras lenguas, como el inglés.

Las locuciones latinas siempre permanecen invariables en plural: los *alter ego*, los *curriculum vitae*, los *mea culpa*.

l) Plural de las notas musicales. Aun cuando a menudo se usan como invariables, su plural se forma añadiendo -s, a excepción de «sol», que forma el plural con -es: *dos, res, mis, fas, soles, las, sis*.

La denominación *español* y *castellano*

Español: De acuerdo con la definición de *DPD*, «para designar la lengua común de España y de muchas naciones de América, y que también se habla como propia en otras partes del mundo», son válidos los términos «castellano» y «español».

Actualmente está superada la polémica sobre cuál de ambas denominaciones resulta más apropiada.

a) El término «español» resulta más recomendable por carecer de ambigüedad, «ya que se refiere de modo unívoco a la lengua que hablan hoy cerca de cuatrocientos millones de personas».

Asimismo, es la denominación que se utiliza internacionalmente (*Spanish, espagnol, Spanisch, spagnolo*, etc.).

b) Aun cuando también es sinónimo de español, se prefiere reservar el término «castellano» para referirse al dialecto románico nacido en el reino de Castilla durante la Edad Media, o al dialecto del español que se habla en la actualidad en dicha región. En España, se emplea asimismo el nombre «castellano» para aludir a la lengua común del Estado en relación con las otras lenguas cooficiales en sus respectivos territorios autónomos, como el catalán, el gallego o el euskera.

Diferencia entre *has* y *haz*

a) *Has:* se trata de la forma correspondiente a la segunda persona del singular del presente de indicativo del verbo «haber» (yo he, tu/vos has, él ha, nosotros hemos, vosotros habéis, ellos/ustedes han), con el que se forman los tiempos compuestos de la conjugación. Así, señala la RAE (véase *www.rae.es/consultas*) «la forma *has*, seguida del participio en -*o* del verbo que se está conjugando, da lugar a la segunda persona del singular del pretérito perfecto compuesto (o antepresente) del modo indicativo».

Ejemplos:

Has pensado lo que te dije.
¿*Has* visitado a tu abuela?

• Esta forma se emplea, además, como segunda persona del singular de la perífrasis verbal «haber de» + infinitivo, que denota necesidad u obligación y equivale a la hoy más frecuente «tener que» + infinitivo.

Ejemplos:

Has de leer más. (= Tienes que leer más).
Has de saber que serás feliz. (= Tienes que saber que serás feliz).

b) *Haz:* como verbo, se trata de la forma de imperativo correspondiente al pronombre «tú» del verbo «hacer».

Ejemplos:

Haz lo que te digo.
Haz bien las cosas.

Como superlativo de *fuerte* son válidas las formas *fortísimo* y *fuertísimo*

El término «fuerte» significa, de acuerdo con el *Diccionario de la lengua española*, «que tiene gran resistencia», «que tiene grandes fuerzas».

Presenta dos superlativos, ambos válidos: *fortísimo*, que conserva la raíz del adjetivo latino y es mayoritario en el uso culto, y *fuertísimo*, formado sobre *fuerte* y más propio del habla coloquial.

Ejemplos:

Me asustó un ruido *fortísimo*.
El animal era enorme y *fuertísimo*.

Los criterios para el tratamiento
de los extranjerismos

A lo largo de la historia todas las lenguas se han enriquecido con aportaciones léxicas procedentes de diversos idiomas.

Los extranjerismos no son, pues, rechazables en sí mismos, sostiene la RAE (véase *www.rae.es/consultas*). «Es importante, sin embargo, que su incorporación responda en lo posible a nuevas necesidades expresivas y, sobre todo, que se haga de forma ordenada y unitaria, acomodándolos al máximo a los rasgos gráficos y morfológicos propios del español».

Con la intención de recomendar soluciones que se ciñan a las pautas señaladas, el *DPD* «comenta un grupo numeroso, aunque necesariamente limitado, de voces extranjeras» habitualmente empleadas por los hablantes del español.

En concreto, los extranjerismos «crudos» recogidos en el *Diccionario de la lengua española*, así como los extranjerismos adaptados que allí se registran cuando todavía es frecuente hallarlos en textos españoles con las grafías originarias. Asimismo, se han añadido algunos extranjerismos no recogidos por el *Diccionario* académico, pero que en la actualidad son de uso frecuente en el español de América y/o de España.

En su tratamiento se han aplicado los siguientes criterios generales:

1. Extranjerismos superfluos o innecesarios: son aquellos para los que existen equivalentes españoles plenamente vigentes. En el artículo se detallan esas alternativas y se censura el empleo de la voz extranjera.

Ejemplos:

Abstract (en español, «resumen», «extracto»); *back-up* (en español, «copia de seguridad»); *consulting* (en español, «consultora» o «consultoría»).

2. Extranjerismos necesarios o muy extendidos: son aquellos para los que no existen, o no es fácil encontrar, términos españoles equivalentes, o cuyo empleo está arraigado o muy extendido.

Se aplican dos criterios, según los casos:

a) Mantenimiento de la grafía y pronunciación originarias: se trata, señala la RAE, «de extranjerismos asentados en el uso internacional en su forma original, como *ballet, blues, jazz* o *software*. En este caso se advierte de su condición de extranjerismos crudos y de la obligación de escribirlos con resalte tipográfico (cursiva o comillas) para señalar su carácter ajeno a la ortografía del español, hecho que explica que su pronunciación no se corresponda con su forma escrita. No obstante, en algunas ocasiones no se ha renunciado a sugerir fáciles adaptaciones o posibles equivalencias, que se proponen en segundo término».

b) Adaptación de la pronunciación o de la grafía originaria: la mayor parte de las veces se proponen adaptaciones cuyo objetivo prioritario consiste en preservar el alto grado de cohesión entre forma gráfica y pronunciación característico de la lengua española. La adaptación de dichas voces se ha hecho por dos vías:

1. Mantenimiento de la grafía original, pero con pronunciación a la española y acentuación gráfica según las reglas del español. Así, continúa la RAE, «para el galicismo *quiche* (pronunciado en francés [kísh]) se propone el uso en español de esa misma grafía, pero con la pronunciación [kíche], de la misma forma que para el anglicismo *airbag* (pronunciado en inglés [érbag]) se propone la pronunciación [airbág], o para *master*, la grafía con tilde «máster». Estas formas adaptadas a través de la pronunciación y, en su caso, de la tilde se consideran ya incorporadas al léxico del español y, por tanto, su lema aparece en el diccionario escrito en letra redonda, y no en cursiva, como corresponde a los extranjerismos crudos». Esta misma razón explica que ciertas voces de origen extranjero que, como *set* o *box*, no plantean problemas de adecuación al español, se registren en el diccionario en redonda.

2. Mantenimiento de la pronunciación original, adaptando la forma extranjera al sistema gráfico del español. Así, para el anglicismo *paddle* la RAE propone la adaptación «pádel», y para el galicismo *choucroute*, la adaptación «chucrut».

Aunque en numerosas ocasiones se desaconseja, por innecesario, el uso de grafías extranjeras, estas no van precedidas del signo ⊗ (marca de incorrección), ya que en ningún caso son formas incorrectas, sino grafías propias de otras lenguas.

«No se trata, pues —continúa la RAE—, de restringir el derecho de quien escribe a usar voces extranjeras, si así lo desea, siempre que las resalte tipográficamente mediante la cursiva o las comillas».

El uso correcto del verbo *haber*

Haber es un verbo irregular.

«Cuando funciona como impersonal», leemos en el *DPD*, «la tercera persona del singular del presente de indicativo, en lugar de *ha*, adopta la forma especial *hay* (salvo en el uso con expresiones temporales: si a la forma *hay* se le añade un pronombre enclítico —algo frecuente en la lengua antigua, pero raro hoy—, debe mantenerse su escritura con *y*, aunque esta letra quede en interior de palabra».

Ejemplo:

Dicen que las brujas no existen, pero haberlas, haylas.

• La primera persona del plural del presente de indicativo es «hemos», y no la arcaica «habemos», cuyo uso en la formación de los tiempos compuestos es hoy un vulgarismo.

También es un vulgarismo el empleo de *habemos* con el sentido de «somos» o «estamos». Solo es normal hoy en la lengua culta el uso de *habemos* en el caso de la locución coloquial «habérselas» con alguien o algo. Asimismo, son ajenas a la norma culta las formas de presente de subjuntivo: *haiga*, *haigas*, etc., en lugar de *haya*, *hayas*, etc.

• En cuanto al imperativo, nos recuerda el *DPD*, las formas heredadas del latín son *habe* y *habed*. Sin embargo, en la actualidad carecen de uso, pues este verbo, al haber sido «desplazado con sentido posesivo» por «tener», ha dejado de conjugarse en imperativo.

Verbo personal

El verbo «haber» procede del latín *habere*, que significa «tener», y con este sentido se empleó también en el español medieval y clásico.

Ejemplo:

Habe paciencia si eres tú enojoso.

• Con este sentido, empero, con el tiempo perdió terreno en favor de «tener», en tanto que «haber» se especializó en sus usos como auxiliar y como impersonal.

Su empleo hoy con el valor de «tener» es un arcaísmo lingüístico que, prosigue el *DPD*, «solo se da en textos escritos, especialmente literarios, con intención arcaizante, o en expresiones jurídicas, normalmente en construcción pasiva».

Ejemplo:

Los hijos *habidos* tras el divorcio tienen los mismos derechos que los anteriores.

Verbo auxiliar

«Haber» es el principal verbo auxiliar en español, pues se usa para formar los tiempos compuestos de la conjugación: se combinan todas las formas simples de «haber» con el participio en -*o* del verbo que se esté conjugando: *ha comido, hemos deseado, había llegado*, etc.

Para formar la primera persona del plural del pretérito perfecto compuesto o antepresente de indicativo no debe emplearse la forma arcaica «habemos», como a veces ocurre en el habla popular.

Ejemplo:

Tampoco *habemos* comido tanto.

Como auxiliar, forma parte también de las construcciones «haber de» y «haber que» + infinitivo.

1. *Haber de + infinitivo*. En el español general esta perífrasis denota obligación, necesidad o conveniencia de que el sujeto realice la acción que el verbo expresa —o, si el infinitivo es pasivo, de que le suceda lo expresado por el verbo— y equivale a «tener que», fórmula que se prefiere en el habla corriente.

Ejemplos:

He de admitir que te amo.
Hubimos de esperar varios días para vernos.
El cuadro *hubo de* ser retirado.

• En ocasiones expresa, sencillamente, acción futura.

Ejemplo:

¡No *he de* hacerlo todavía!

- Tampoco en el caso de esta perífrasis es admisible en la lengua culta el uso de la forma «habemos» para la primera persona del plural del presente de indicativo.

Ejemplo:

Los perdedores habemos de aceptarlo y reconocer la derrota. (Debe decirse «hemos de aceptarlo y reconocer la derrota»).

2. *Haber que* + *infinitivo.* Funciona a modo de perífrasis impersonal y significa «ser necesario o conveniente».

Ejemplos:

Hay que comer y descansar.
¿Cuánto *habrá que* esperar?

- Por ser impersonal, se conjuga únicamente en tercera persona del singular; debido a ello, si el verbo que le sigue es pronominal, es incorrecto el uso del pronombre de primera persona del plural.

Ejemplo:

Aún *hay que* esforzar*nos* más. (Debe decirse «aún hay que esforzarse más»).

- Si se quiere explicitar la participación del hablante en la acción, puede emplearse la construcción personal «tener que».

Ejemplo:

Tenemos que esforzar*nos* más.

Verbo impersonal

Además de su empleo como auxiliar, señala el *DPD*, «el otro uso fundamental de *haber* es denotar la presencia o existencia de lo designado por el sustantivo que lo acompaña y que va normalmente pospuesto al verbo».

Ejemplos:

Hay alguien aquí.
Había un pan en la mesa.

«Como se ve en el primer ejemplo —continúa el *DPD*—, en este uso, la tercera persona del singular del presente de indicativo adopta la forma especial "hay". Esta construcción es heredera de la existente en latín tardío "habere (siempre en tercera persona del singular) + nombre singular o plural en acusativo". Así pues, etimológicamente, esta construcción carece de sujeto; es, por tanto, impersonal y, en consecuencia, el sustantivo pospuesto desempeña la función de complemento directo». Prueba de su condición de complemento directo es que puede sustituirse «por los pronombres de acusativo lo(s), la(s): Hubo *un inconveniente* > *Lo* hubo; No habrá *clase* > No *la* habrá. Puesto que el sustantivo que aparece en estas construcciones es el complemento directo, el hecho de que dicho sustantivo sea plural no supone que el verbo haya de ir también en plural, ya que la concordancia con el verbo la determina el sujeto, no el complemento directo». En consecuencia, lo más apropiado en estos casos es que el verbo permanezca en singular, y así ocurre en el uso culto mayoritario, sobre todo en la lengua escrita, tanto en España como en América.

Ejemplos:

Había muchos niños en la calle.
Había unos jóvenes jugando.
Hubo varios muertos.
Habrá muchos heridos.

• La misma inmovilidad en singular del verbo conjugado debe producirse en el caso de que «haber» forme parte de una perífrasis con: *poder, soler, deber, ir a,* etc.

Ejemplos:

Al lado de un buen hombre *suele haber* una buena mujer.
En esta casa *va a haber* muchos niños jugando.

• Sin embargo, la excepcionalidad que representa la existencia de un verbo impersonal transitivo, sumado al influjo de otros verbos que comparten su significado «existencial» con «haber», como *estar, existir, ocurrir,* todos ellos verbos personales con sujeto, «explica que muchos hablantes interpreten erróneamente el sustantivo que aparece pospuesto al verbo "haber" como su sujeto y, consecuentemente, pongan el verbo en tercera persona del plural cuando dicho sustantivo es plural».

Ejemplos:

Hubieron muchas razones para hacerlo.
Entre ellas *habían* cuatro manzanas dañadas.

• Paralelamente, se comete asimismo el error de pluralizar el verbo conjugado cuando «haber» forma parte de una perífrasis.

Ejemplo:

Dijo el presidente que *van a haber* reuniones con diferentes ministros.

• Aun cuando es uso muy extendido en el habla informal de numerosos países de América, como así también en España, especialmente entre hablantes catalanes, se debe seguir empleando este verbo como impersonal en la lengua culta formal, de acuerdo con el uso mayoritario entre los escritores de prestigio.

a) *Habemos:* precisamente por su carácter impersonal, nos recuerda el *DPD*, «solo puede conjugarse en tercera persona del singular, de modo que si se desea expresar la presencia de primeras o segundas personas, no debe utilizarse, en la lengua culta, el verbo "haber", aunque a veces se haga así en la lengua popular, recurriendo, para la primera persona del presente de indicativo, a la forma "habemos"».

Ejemplo:

En el colegio tenemos escasez de maestros. Los pocos que *habemos* no somos capaces con tantos estudiantes.

b) En el español actual, hallamos todavía un resto del antiguo uso de «haber» como impersonal con complementos que expresan tiempo, caso en el que en la actualidad suele emplearse el verbo «hacer». Se trata del uso de la forma «ha» del presente de indicativo pospuesta a una expresión temporal para referirse a un momento ubicado tanto tiempo atrás como indica el complemento.

Ejemplo:

Cinco días *ha* que soporto la traición.

El verbo «haber» forma parte de distintas locuciones

1. *Haber lugar:* se construye normalmente con un complemento precedido de las preposiciones *a*, o *para* y significa «darse las condiciones para que se produzca lo expresado por el complemento».

Ejemplos:

Por estas precisiones no *había lugar a* más permisos.
Pero *hay lugar para* ser optimistas.

• Su uso es más habitual en oraciones negativas. En el presente del indicativo alternan las formas «hay» y «ha», esta última empleada sobre todo en el lenguaje jurídico.

Ejemplo:

El juez dice que *no ha lugar a* la demanda.

• No debe suprimirse la preposición que precede al complemento.

Ejemplo:

Incorrecto: El juez dijo que si el concejal tiene la voluntad de renunciar, *no ha lugar* la expulsión que ha pedido el pueblo.

2. *Habérselas con* una persona o una cosa. «Enfrentarse a ella.» Únicamente en este caso está vigente, y es correcto, el uso de la forma «habemos» para la primera persona del plural.

Ejemplos:

Nos las habemos con un tramposo.
En ese caso *nos las habemos* más bien *con* un delincuente.

3. *Habida cuenta:* esta expresión va invariablemente seguida de un complemento precedido de la preposición *de*, y significa «teniendo en cuenta lo expresado por el complemento». Este último puede ser un sustantivo o una oración subordinada introducida por la conjunción *que*.

Ejemplo:

Habida cuenta del tiempo transcurrido, ella lo extrañaba.

Haber / a ver

No debe confundirse el infinitivo «haber» con la expresión homófona «a ver», constituida por la preposición *a* y el infinitivo *ver*.

A ver es una expresión fija que presenta distintos valores y usos, en muchos de los cuales puede remplazarse por «veamos», lo que prueba su relación con el verbo «ver» y no con «haber».

Ejemplos:

A ver con quién va a la cena. (= Veamos con quién va a la cena).
A ver si te atreves a hacerlo. (= Veamos si te atreves a hacerlo).

• Señala la RAE que cuando el verbo *haber* se emplea para denotar la simple presencia o existencia de personas o cosas, «funciona como impersonal y, por lo tanto, se usa solamente en tercera persona del singular (que en el presente de indicativo adopta la forma especial *hay*)».

Ejemplo:

Hay muchas personas en la sala.

• En estos casos, «el elemento nominal que acompaña al verbo no es el sujeto (los verbos impersonales carecen de sujeto), sino el complemento directo». Por lo tanto, constituye un error poner el verbo en plural cuando el elemento nominal se refiere a varias personas o cosas, puesto que la concordancia del verbo no la determina el complemento directo sino el sujeto.

«Así —apunta la RAE—, oraciones como *"habían* muchas personas en la casa", *"han habido* algunas quejas y reclamos" o *"hubieron* problemas para ir al estadio" son incorrectas; debe decirse *"había* muchas personas en la casa", *"ha habido* algunas quejas y reclamos", *"hubo* problemas para ir al estadio"».

Los signos de interrogación (¿?)
y de exclamación (¡!)

«Los signos de interrogación (¿?) y de exclamación (¡!) —señala el *DPD*—, sirven para representar en la escritura, respectivamente, la entonación interrogativa o exclamativa de un enunciado. Son signos dobles, pues existe un signo de apertura y otro de cierre, que deben colocarse de forma obligatoria al comienzo y al final del enunciado correspondiente; no obstante, existen casos en los que solo se usan los signos de cierre».

Indicaciones sobre el uso correcto de ambos signos

a) Los signos de apertura (¿ ¡) son característicos del español y no deben suprimirse por imitación de otras lenguas en las que únicamente se coloca el signo de cierre.

Ejemplo:

Incorrecto: Qué vas a hacer? Qué emoción!
Correcto: ¿Qué vas a hacer? ¡Qué emoción!

b) Tanto los signos de interrogación como los de exclamación se escriben pegados a la primera y la última palabra del período que enmarcan respectivamente, y separados por un espacio de las palabras que los preceden o los siguen. No obstante, si lo que sigue al signo de cierre es otro signo de puntuación, no debe dejarse espacio entre ambos.

Ejemplos:

No me digas... ¡Qué emoción!
¿Ya es hora?; me muero de ganas por verlo.

c) Tras los signos de cierre puede colocarse cualquier signo de puntuación, a excepción del punto. Cuando la interrogación o la exclamación terminan un enunciado y sus signos de cierre equivalen a un punto, la oración siguiente debe comenzar con mayúscula.

Ejemplo:

No he podido llegar. ¡Qué tristeza! Otra vez será.

d) Los signos de apertura (¿ ¡) deben colocarse donde empieza la pregunta o la exclamación, aun cuando no se corresponda con el inicio del enunciado; en ese caso, la interrogación o la exclamación se inician con minúscula.

Ejemplos:

Los demás, ¿qué hacen aquí?
Si eres mi novia, ¡qué felicidad!

e) Cuando los vocativos y las construcciones u oraciones dependientes ocupan el primer lugar del enunciado, deben escribirse fuera de la pregunta o de la exclamación. No obstante, si van al final se consideran incluidos en ellas.

Ejemplos:

Diego, ¿sabes qué vas a hacer? / ¿Sabes qué vas a hacer, Diego? Métetelo en la cabeza, ¡no pienso volver contigo! / ¡No pienso volver contigo, métetelo en la cabeza!

f) Cuando varias preguntas o exclamaciones breves se escriben seguidas, pueden considerarse oraciones independientes, o bien partes de un único enunciado. En el primer caso, cada interrogación o exclamación se iniciará con mayúscula.

Ejemplos:

¿Qué haces? ¿Dónde estás? ¿Cuándo vienes?
¡Vete! ¡No quiero saber nada de ti! ¡Qué decepción!

• En el segundo caso, las diversas preguntas o exclamaciones se separarán por coma o por punto y coma, y solo la primera de ellas se iniciará con mayúscula.

Ejemplos:

Mi madre me preguntó: ¿Cómo vas en el colegio?, ¿qué dicen los maestros?, ¿cuándo salen de vacaciones?
¡Qué tristeza!; ¡cómo se fue a morir!; ¡qué falta nos va a hacer!

• Cuando la exclamación está compuesta por elementos breves que se duplican o triplican, los signos de exclamación encierran todos los elementos.

Ejemplo:

¡Ja, ja, ja!

Usos especiales

a) Los signos de cierre escritos entre paréntesis se emplean para expresar duda (los de interrogación) o sorpresa (los de exclamación), denotando, en la mayor parte de los casos, ironía.

Ejemplos:

Tendría gracia (?) que hubiera ido a verte.
Ha terminado último en la prueba y está tan orgulloso (!).

b) Cuando el sentido de una oración es interrogativo y exclamativo a la vez, ambos signos pueden combinarse, abriendo con el de interrogación y cerrando con el de exclamación, o viceversa.

Ejemplo:

¡Cómo lo hiciste? / ¿Cómo lo hiciste!

O, preferiblemente, abriendo y cerrando con los dos signos a la vez:

¿¡Qué estás haciendo!? / ¡¿Qué estás haciendo?!

c) En obras literarias es posible escribir dos o tres signos de exclamación para indicar mayor énfasis en la entonación exclamativa.

Ejemplo:

¡¡¡Criminal!!!

El uso de *dizque*

Dizque: en amplias zonas de América continúa vigente el uso de esta expresión, procedente de la combinación de la forma apocopada arcaica *diz* (*dice*, tercera persona del singular del presente de indicativo del verbo «decir») y la conjunción *que*.

a) Suele emplearse como adverbio con el sentido de «supuestamente» o «al parecer».

Ejemplos:

Eran personas *dizque* muy amables.
La esposa estaba muy enojada porque *dizque* su esposo la está engañando.

b) Se emplea asimismo como adjetivo invariable, siempre antepuesto al sustantivo, con el sentido de «presuntamente» o «pretendidamente».

Ejemplo:

Fue decepcionante la interpretación del *dizque* actor.

• Este adverbio ya incluye en sí la conjunción *que*, por lo que es innecesario repetirla, como hacen algunos hablantes al interpretar, erróneamente, que *dizque* equivale a «dicen».

Ejemplo:

Incorrecto: Cuando le preguntó cómo le fue, *dizque que* le contestó: «Bien, muy bien».

• Si bien todavía se documenta la grafía en dos palabras, *diz que*, es preferible en todos los casos la grafía simple *dizque*.
Se considera incorrecta la grafía *disque*, que reproduce la pronunciación seseante. En ciertas zonas de Venezuela se emplea en el lenguaje coloquial la variante *ique*, y en el habla rural de México, con idéntico sentido, la expresión *quesque* (amalgama de «que es que»).

Ejemplo:

Sabía que ibas a venir, me lo dijo Ana, *quesque* a buscar comprador.

Usos y diferencias de *a sí mismo,*
así mismo y *asimismo*

A sí mismo, así mismo y *asimismo* tienen un sonido prácticamente igual pero significados diferentes.

a) La secuencia *a sí mismo* está formada por la preposición *a,* el pronombre reflexivo *sí* y el adjetivo *mismo,* que por ser adjetivo admite variaciones de género y número (*a sí misma, a sí mismos, a sí mismas*).

Ejemplo:

Los candidatos se votaron *a sí mismos* en las elecciones.

b) Las formas *así mismo* y *asimismo* se emplean indistintamente cuando su significado es el de «también» o «además».

Ejemplos:

Así mismo, señalaba que no renunciará a su cargo.
Asimismo dijeron que la prioridad de este gobierno es la educación.

• También se escribe *así mismo* cuando se trata del adverbio *así* y el adjetivo *mismo*, en el que este funciona como refuerzo y puede omitirse.

Ejemplo:

Lo hizo *así (mismo)*.

Guion no lleva tilde

Palabras como *guion, truhan, pie, liais, etc.,* se escriben sin tilde.

Para aplicar con propiedad las reglas de acentuación gráfica del español se debe determinar previamente la división de las palabras en sílabas. Y para dividir silábicamente las palabras que contienen secuencias de vocales es preciso saber si estas últimas se articulan dentro de la misma sílaba, como diptongos o triptongos (*vais, o.pioi.de*), o en sílabas diferentes, como hiatos (*lí.ne.a, ta.o.ís.ta*).

Dado que no existe uniformidad entre los hispanohablantes en la manera de articular numerosas secuencias vocálicas, ya que con frecuencia, aun tratándose de las mismas palabras, unos hablantes pronuncian las vocales contiguas en la misma sílaba y otros en sílabas distintas, la ortografía académica estableció en 1999 una serie de convenciones tendientes a fijar qué combinaciones vocálicas han de considerarse siempre diptongos o triptongos y cuáles hiatos a la hora de aplicar las reglas de acentuación gráfica, con la intención de garantizar la unidad en la representación escrita de las voces que presentan esta clase de secuencias.

«De acuerdo con dichas convenciones —señala la RAE—, y con independencia de cuál sea su articulación real en palabras concretas», a efectos ortográficos se consideran siempre diptongos las combinaciones siguientes:

a) «Vocal abierta (/a/, /e/, /o/) seguida o precedida de vocal cerrada átona (/i/, /u/): *estabais, confiar, diario, afeitar, viento,* *pie, doy, guion, aunar, acuario, actuado, reunir, sueño, estadouni-dense, antiguo.*

b) »Dos vocales cerradas distintas (/*i*/, /*u*/): *triunfo, incluido, diurno, huir, viuda, ruido».*

c) Del mismo modo, «se consideran siempre triptongos a efectos ortográficos las secuencias constituidas por una vocal abierta entre dos vocales cerradas átonas: *confiáis, actuáis, pun-tuéis, guau».*

Y continúa la RAE: «Como consecuencia de la aplicación de estas convenciones, un grupo limitado de palabras que tradicio-nalmente se habían escrito con tilde por resultar bisílabas (ade-más de ser agudas terminadas en "-*n, -s* o vocal") en la pronun-ciación de buena parte de los hispanohablantes —los que articulan con hiato las combinaciones vocálicas que contienen—, pasan a considerarse monosílabas a efectos de acentuación gráfica, con-forme a su pronunciación real por otra gran parte de los hispano-hablantes —los que articulan esas mismas combinaciones como diptongos o triptongos—, y a escribirse, por ello, sin tilde, ya que los monosílabos no se acentúan gráficamente, salvo los que lle-van tilde diacrítica».

Las palabras a las que afecta este cambio son formas verbales como: *crie, crio, criais, crieis* y las de voseo *crias, cria* (de «criar»); *fie, fio, fiais, fieis* y las de voseo *fias, fia* (de «fiar»); *flui, fluis* (de «fluir»); *frio, friais* (de «freír»); *frui, fruis* (de «fruir»); *guie, guio, guiais, guieis* y las de voseo *guias, guia* (de «guiar»); *hui, huis* (de «huir»); *lie, lio, liais, lieis* y las de voseo *lias, lia* (de «liar»); *pie, pio, piais, pieis* y las de voseo *pias, pia* (de «piar»); *rio, riais* (de «reír»); sustantivos como *guion, ion, muon, pion, prion, ruan* y *truhan*, y ciertos nombres propios, como *Ruan* y *Sion.*

«Aunque la ortografía de 1999, donde se establecieron las ci-tadas convenciones, prescribía ya la escritura sin tilde de estas pa-labras, admitía que los hablantes que las pronunciasen como bisí-labas pudiesen seguir acentuándolas gráficamente —advierte por fin la RAE—. En cambio, a partir de la edición de 2010, se suprime dicha opción, que quiebra el principio de unidad ortográfica, de modo que las palabras que pasan a considerarse monosílabas por contener este tipo de diptongos o triptongos ortográficos deben escribirse ahora obligatoriamente sin tilde.

• Esta convención es exclusivamente ortográfica, por lo que no implica que los hablantes deban cambiar la manera en que pronuncian naturalmente las mencionadas voces, sea con hiato o con diptongo.

El adverbio *solo* puede llevar tilde si hay riesgo de ambigüedad, pero no es necesario

Explica la RAE en su página web: «La palabra *solo*, tanto cuando es adverbio y equivale a "solamente" (*Solo* llevaba un par de monedas en el bolsillo) como cuando es adjetivo (No me gusta estar *solo*), así como los demostrativos *este*, *ese* y *aquel*, con sus femeninos y plurales, funcionen como pronombres (*Este* es tonto. Quiero *aquella*) o como determinantes (*aquellos* tipos, la chica *esa*), no deben llevar tilde según las reglas generales de acentuación, bien por tratarse de palabras bisílabas llanas terminadas en vocal o en -*s*, bien, en el caso de *aquel*, por ser aguda y acabar en consonante distinta de *n* o *s*».

Aun así, «las reglas ortográficas anteriores prescribían el uso de tilde diacrítica en el adverbio *solo* y los pronombres demostrativos para distinguirlos, respectivamente, del adjetivo *solo* y de los determinantes demostrativos, cuando en un mismo enunciado eran posibles ambas interpretaciones y podían producirse casos de ambigüedad».

Ejemplos:

Trabaja *sólo* los festivos (= trabaja solamente los festivos).
Trabaja *solo* los festivos» (= trabaja sin compañía los festivos).

¿Por qué compraron *aquéllos* libros? (*Aquéllos* es el sujeto de la oración).
¿Por qué compraron *aquellos* libros? (El sujeto de esta oración no está expreso, y aquellos acompaña al sustantivo libros).

Sin embargo, advierte la RAE, «ese empleo tradicional de la tilde en el adverbio *solo* y los pronombres demostrativos no cumple el requisito fundamental que justifica el uso de la tilde diacrítica, que es el de oponer palabras tónicas o acentuadas a palabras átonas o inacentuadas formalmente idénticas, ya que tanto *solo* como los demostrativos son siempre palabras tónicas en cualquiera de sus funciones». Es por ello por lo que la RAE decidió prescindir de la tilde en estas formas aun en casos de ambigüedad.

- La recomendación general es, en consecuencia, la de no tildar nunca estas palabras.

«Las posibles ambigüedades —puntualiza—, pueden resolverse casi siempre por el propio contexto comunicativo (lingüístico o extralingüístico), en función del cual solo suele ser admisible una de las dos opciones interpretativas. Los casos reales en los que se produce una ambigüedad que el contexto comunicativo no es capaz de despejar son raros y rebuscados, y siempre pueden evitarse por otros medios, como el empleo de sinónimos (solamente o únicamente, en el caso del adverbio *solo*), una puntuación adecuada, la inclusión de algún elemento que impida el doble sentido o un cambio en el orden de palabras que fuerce una única interpretación».

La conjunción *o* se escribe siempre sin tilde, incluso entre cifras

Hasta no hace mucho se recomendaba escribir con tilde la conjunción disyuntiva *o* en los casos en que aparecía entre dos cifras, a fin de evitar que se confundiera con el número cero. Este uso de la tilde diacrítica no está justificado desde el punto de vista prosódico, ya que la conjunción *o* es átona (se pronuncia sin acento), y tampoco se justifica desde el punto de vista gráfico, pues tanto en la escritura mecánica como en la manual los espacios en blanco a un lado y otro de la conjunción y su diferente forma y menor altura que el cero evitan que ambos signos se confundan (2 *o* 3, frente a 203).

- Por lo tanto, la conjunción *o* debe escribirse siempre sin tilde, como corresponde a su condición de palabra monosílaba átona, con independencia de que aparezca entre palabras, cifras o signos.

Ejemplos:

¿Quieres zumo *o* agua?
Terminaré dentro de 5 *o* 7 días.
Escriba los signos + *o* – en el espacio correspondiente.

Normas de escritura de los prefijos

Señala la RAE que los prefijos son «elementos afijos, carentes de autonomía, que se anteponen a una base léxica (una palabra o una expresión pluriverbal) a la que aportan diversos valores semánticos». A continuación se resumen las normas que han de seguirse para la correcta escritura de los prefijos en español:

a) Se escriben en todos los casos soldados a la base a la que afectan cuando esta es «univerbal», es decir, «cuando está constituida por una sola palabra: *antiadherente, antirrobo, antitabaco, cuasidelito, cuasiautomático, exalcohólico, exjefe, exministro, exnovio, expresidente, prepago, precontrato, posventa, posmoderno, vicealcalde, vicesecretario, supermodelo, superaburrido,* etc.».

- En este caso, se consideran incorrectas las grafías en que el prefijo aparece unido con guion a la palabra base (*anti-mafia, anti-cancerígeno*) o separado de la misma por un espacio en blanco (*anti mafia, anti cancerígeno*). Si se forma una palabra anteponiendo a la base varios prefijos, dichos prefijos también han de escribirse soldados, sin guion intermedio: *antiposmodernista, requetesuperguapo.*

b) Se unen mediante guion a la palabra base cuando esta comienza por mayúscula; es por ello que este signo de enlace se emplea cuando el prefijo se antepone a una sigla o a un nombre propio univerbal: *anti-ALCA*, *mini-USB*, *pos-Gorbachov*. En los citados casos, la función del guion es evitar la anomalía que representa, en nuestro sistema ortográfico, la presencia de una minúscula seguida de una mayúscula en posición interior de palabra.

• Es necesario asimismo emplear el guion cuando la base es un número, con el fin de separar la secuencia de letras de la de cifras: *sub-21*, *super-8*.

c) Abundando en lo anterior, apunta la RAE: «Se escriben necesariamente separados de la base a la que afectan cuando esta es pluriverbal, es decir, cuando está constituida por varias palabras. Hay determinados prefijos, como *ex-*, *anti-* o *pro-*, que son especialmente proclives, por su significado, a unirse a bases de este tipo, ya se trate de locuciones o de grupos sintácticos, característica por la cual la gramática ha acuñado para ellos la denominación de "prefijos separables": *ex relaciones públicas*, *anti pena de muerte*, *pro derechos humanos*. Esta misma circunstancia puede darse también con otros prefijos: *pre Segunda Guerra Mundial*, *super en forma*, *vice primer ministro*».

• Así pues, un mismo prefijo se escribirá soldado a la base, unido a ella con guion o separado en función de los factores antes indicados: *antimafia*, *anti-OTAN*, *anti ácido láctico*; *provida*, *pro-OLP*, *pro derechos humanos*; *supercansado*, *super-8*, *super en forma*, etc.

• Las normas expuestas hasta aquí rigen para todos los prefijos, incluido *ex-*. Para este se prescribía hasta ahora la escritura separada cuando, con el sentido de «que fue y ya no es», «se antepone a sustantivos que denotan ocupaciones, cargos, relaciones o parentescos alterables y otro tipo de situaciones circunstanciales de las personas».

Los extranjerismos y latinismos crudos
(no adaptados) deben escribirse en cursiva

En la nueva ortografía de la RAE se da cuenta de las normas a seguir cuando se emplean en textos escritos en español palabras o expresiones pertenecientes a otros idiomas, siendo la principal novedad la equiparación «en el tratamiento ortográfico de todos los préstamos (voces o expresiones de otras lenguas que se incorporan al caudal léxico del español), con independencia de que procedan de lenguas vivas extranjeras (extranjerismos) o se trate de voces o expresiones latinas (latinismos)».

a) De acuerdo con dichas normas, los extranjerismos y latinismos crudos o no adaptados —aquellos que se emplean con su grafía y pronunciación originarias y cuyos rasgos gráfico-fonológicos son ajenos a la ortografía del español— «deben escribirse en los textos españoles con algún tipo de marca gráfica que indique su carácter foráneo, preferentemente en letra cursiva, o bien entre comillas».

b) En cambio, señala la RAE, «los extranjerismos y latinismos adaptados —aquellos que no presentan problemas de adecuación a la ortografía española o que han modificado su grafía o su pronunciación originarias para adecuarse a las convenciones gráfico-fonológicas del nuestra lengua— se escriben sin ningún tipo de resalte y se someten a las reglas de acentuación gráfica del español».

Ejemplos:

Me gusta la foto de tu *carnet* / Me gusta la foto de tu carné.
No hubo *quorum* para hacer la votación / No hubo cuórum para hacer la votación.

- Así pues, según la nueva ortografía, y tal como ilustra el último ejemplo, los préstamos del latín «solo se escribirán en letra redonda y con sometimiento a las reglas de acentuación gráfica del español cuando estén completamente adaptados a nuestro sistema ortográfico, al igual que se hace con los préstamos de otros idiomas».

c) Por su parte, las locuciones o dichos en otros idiomas que se empleen en textos en español, deben escribirse en cursiva o, en su defecto, entre comillas «para señalar su carácter foráneo, su consideración de incrustaciones de otros idiomas en nuestra lengua».

De acuerdo con lo establecido en la nueva edición de la ortografía, «las locuciones latinas (expresiones pluriverbales fijas en latín que se utilizan en todas las lenguas de cultura occidentales, incluido el español, con un sentido más o menos cercano al significado literal latino) deben recibir el mismo tratamiento ortográfico que las provenientes de cualquier otra lengua». En consecuencia, aun cuando hasta ahora se recomendaba escribirlas en redonda «y con las tildes resultantes de aplicarles las reglas de acentuación del español, deben escribirse, de acuerdo con su carácter de expresiones foráneas, en cursiva (o entre comillas) y sin acentos gráficos», dado que los mismos no existen en la escritura latina.

Ejemplos:

Así fue, *grosso modo*, como terminó todo.
Renuncié *motu proprio* a todas las ventajas.

Los pronombres *lo(s)*, *la(s)*, *le(s)*: leísmo, laísmo, loísmo

Para emplear de forma adecuada los pronombres átonos de tercera persona *lo(s)*, *la(s)*, *le(s)* según la norma culta del español general, ha de tenerse en cuenta, en primer lugar, la función sintáctica que desempeña el pronombre y, en segundo lugar, el género y el número gramatical de la palabra a la que se refiere.

En el *Esbozo de una nueva gramática de la lengua española*, la RAE condena el leísmo cuando se refiere a cosa, pero admite el referido a persona masculina singular; el leísmo plural siempre ha sido censurado, ya que «su baja incidencia desde los textos castellanos más antiguos atestigua que tampoco lo ha sancionado nunca mayoritariamente el uso de los hablantes cultos».

A continuación se expone, de manera sucinta, la norma que rige el empleo de estos pronombres, según aparece en la web de la RAE:

a) Cuando el pronombre desempeña la función de complemento directo, deben emplearse las formas *lo*, *los* para el masculino (singular y plural, respectivamente) y *la*, *las* para el femenino (singular y plural, respectivamente):

Ejemplos:

¿Has visto a Diego? Sí, *lo* vi hoy.
¿Has visto a mis padres? Sí, *los* he visto en la oficina.

Compré una flor y se *la* di sin que su madre me viera.
¿Has recogido a las niñas? Sí, *las* recogí antes de ir a trabajar.

• Dado lo extendido que está entre los hablantes cultos de ciertas zonas de España el uso de la forma *le* cuando el referente es un hombre, se admite, solo para el masculino singular, el uso de *le* como complemento directo de persona.

Ejemplo:

¿Has visto a Diego? Sí, *le* vi hoy en el trabajo.

b) Si el pronombre desempeña la función de complemento indirecto, señala la RAE, «deben usarse las formas *le*, *les* (singular y plural, respectivamente) con independencia del género de la palabra a la que se refiera el pronombre».

Ejemplos:

Le pedí disculpas a mi esposa.
Le dije a tu madre que fuera.
Les di un regalo a mis hijos.

• A pesar de la aparente sencillez de la normativa, existen casos excepcionales, o aparentemente excepcionales, así como una gran variedad en cuanto a los usos efectivos en las distintas zonas hispanohablantes.

Detrás de mí, encima de mí, al lado mío

La RAE advierte que «en la lengua culta debe evitarse el uso de adverbios como: *cerca, detrás, delante, debajo, dentro, encima, enfrente* con adjetivos posesivos; así pues, no debe decirse "detrás de mí", "encima suyo", etc., sino "detrás de mí", "encima de él", etc.».

«El origen de este error —nos recuerda—, está en equiparar el complemento preposicional introducido por la preposición "de" (detrás de Diego) con los complementos de posesión, de estructura formalmente idéntica (la casa de Diego)». No obstante, se trata de construcciones diferentes: en la primera (detrás de Diego), «el núcleo del que depende el complemento preposicional es un adverbio (detrás), mientras que en la segunda (la casa de Diego) es un sustantivo (casa)». Dado que los adjetivos posesivos son modificadores del sustantivo, el complemento encabezado por «de» solo puede sustituirse sin problemas por un posesivo si depende de un sustantivo.

Ejemplo:

La comida de Diego = su comida o la comida suya.

• Sin embargo, los adverbios no son susceptibles de ser modificados por un posesivo, de modo que no admiten la transformación descrita.

Ejemplo:

«Detrás de Diego» no equivale a «su detrás», por lo que no es admisible decir «detrás suya» ni «detrás suyo».

• Consecuentemente, para discernir si una expresión con posesivo es correcta o no, debemos fijarnos en la categoría de la palabra núcleo: si se trata de un sustantivo, será correcta (puede decirse «al lado mío», pues «lado» es un sustantivo); pero será incorrecta si se trata de un adverbio (no puede decirse «cerca mío», porque «cerca» es un adverbio).

Para no equivocarse, resulta útil saber que si se puede emplear el posesivo átono antepuesto, la construcción con el posesivo tónico pospuesto también será válida.

Ejemplos:

Estoy al lado de Andrés > Estoy a su lado > Estoy al lado suyo (correcto).

Estoy detrás de Andrés > Estoy en su detrás > Estoy detrás suyo/suya (incorrecto).

Vive cerca de ti > Vive en tu cerca > Vive cerca tuyo/tuya (incorrecto).

• Por último, «es importante señalar que el posesivo pospuesto debe concordar en género con el sustantivo al que modifica; así pues, debe decirse "al lado suyo" (y no "al lado suya"), puesto que el sustantivo "lado" es masculino».

Dobles participios: *Imprimido/impreso, freído/frito, proveído/provisto*

Los únicos verbos que en la lengua actual presentan dos participios, uno regular y otro irregular, son:

Imprimir: imprimido/impreso.
Freír: freído/frito.
Proveer: proveído/provisto.

• Con sus respectivos derivados, los dos participios pueden utilizarse indistintamente en la formación de los tiempos compuestos y de la pasiva perifrástica, aunque la preferencia por una u otra forma varíe en cada caso.

Ejemplos:

Hemos *imprimido* varios ejemplares.
Habían *impreso* las copias del libro.
Nos hemos *proveído* de todo lo que necesitábamos.
Se había *provisto* de varias cosas.
Las patatas han de ser *freídas* antes.
Los huevos ya están *fritos*.

Doble negación: *No vino nadie,*
no hice nada, no tengo ninguna

En español existe un esquema peculiar de negación que permite combinar el adverbio *no* con la presencia de otros elementos que también tienen sentido negativo.

Los adverbios *nunca, jamás, tampoco,* los pronombres indefinidos *nadie, nada, ninguno,* la locución *en la/mi/tu/su vida* y los grupos que contienen la palabra *ni* aparecen siempre en oraciones de sentido negativo. Si estos elementos están antepuestos al verbo, este no va acompañado del adverbio de negación *no.*

Ejemplos:

Nunca voy al parque.
Ella *tampoco* está de acuerdo.
Jamás lo haré.
Nadie lo sabe.
Nada de lo que dice tiene sentido.
Ninguno de ellos es familiar.
En su vida lo conseguirá.
Ni su mamá lo perdonaría.

• Pero si van pospuestos al verbo, este debe ir necesariamente precedido del adverbio *no.*

Ejemplos:

No voy *nunca* al parque.
Ella *no* está de acuerdo *tampoco*.
No lo haré *jamás*.
No lo sabe *nadie*.
No tiene sentido *nada* de lo que dice.
No es familiar *ninguno* de ellos.
No lo conseguirá *en su vida*.
No lo perdonaría *ni* su madre.

• La concurrencia de esas dos «negaciones» no solo no anula el sentido negativo del enunciado, sino que lo refuerza.

Los ciudadanos y las ciudadanas, los niños y las niñas

Esta clase de desdoblamientos, advierte la RAE, son artificiosos e innecesarios desde el punto de vista lingüístico. En los sustantivos que designan seres animados cabe la posibilidad del uso genérico del masculino para designar la clase, esto es, a todos los individuos de la especie sin distinción de sexos.

Ejemplo:

Todos *los ciudadanos* tienen derechos y deberes.

• La mención explícita del femenino solo se justifica «cuando la oposición de sexos es relevante en el contexto».

Ejemplo:

La lectura tiene los mismos beneficios en *los niños* y *las niñas*.

«La actual tendencia al desdoblamiento indiscriminado del sustantivo en su forma masculina y femenina —apunta la RAE—, va contra el principio de economía del lenguaje y se funda en razones extralingüísticas. Por tanto, deben evitarse estas repeticiones, que generan dificultades sintácticas y de concordancia, y complican innecesariamente la redacción y lectura de los textos».

• El uso genérico del masculino «se basa en su condición de término no marcado en la oposición masculino/femenino». Por esta razón es incorrecto usar el femenino para aludir conjuntamente a ambos sexos, con independencia del número de individuos de cada uno de ellos que formen parte del conjunto. Así pues, «los bailarines» es la única forma correcta de referirse a un grupo mixto, aun cuando el número de bailarinas sea superior al de bailarines varones.

Plural de las siglas: *las ONG, unos DVD*

«En español —señala la RAE—, las siglas son invariables en la lengua escrita, es decir, no modifican su forma cuando designan más de un referente. El plural se manifiesta en las palabras que las introducen o que las modifican».

Ejemplos:

Varias ONG invitadas.
Unos DVD.
Los PC.

• Por ello la RAE recomienda emplear siempre un determinante para introducir la sigla cuando la misma debe expresar pluralidad.

Ejemplos:

La invitación ha sido aceptada por varias ONG del mundo.
¿Cuántos PC portátiles nos van a donar?
Tengo varios CD de ese grupo.

• Ha de evitarse el uso, copiado del inglés, de escribir el plural de las siglas añadiendo al final una «s» minúscula, con o sin apóstrofo: PC's, ONG's, PCs, ONGs.

Tilde en *qué, cuál/es, quién/es, cómo, cuán, cuánto/a/os/as, cuándo, dónde* y *adónde*

Las palabras *qué, cuál/es, quién/es, cómo, cuán, cuánto/a/os/as, cuándo, dónde* y *adónde* son tónicas y se escriben con tilde diacrítica cuando tienen un sentido interrogativo o exclamativo.

a) Por sí solas o precedidas de preposición introducen oraciones interrogativas o exclamativas directas.

Ejemplos:

¿*Qué* vas a hacer?
¿De *quién* es el libro?
¡Con *qué* ganas trabaja!
¿Con *cuál* te quedas?
¡*Cómo* ha crecido mi hijo!
¡*Cuán* bello es el mar!
¿*Cuántos* han ido?
¿*Cuándo* se van?
¿*Adónde* quieres llevarme?

b) Introducen asimismo oraciones interrogativas o exclamativas indirectas, integradas en otros enunciados.

Ejemplos:

Ya verás *qué* bien lo hacemos.
Le explicó *cuáles* eran los motivos.
No sé *quién* va a ayudarme.
No te imaginas *cómo* ha cambiado mi esposa.
La nota indica *cuándo* tienen que venir tus padres.
Voy a preguntar por *dónde* puedo llegar al parque.

c) Además, pueden funcionar como sustantivos.

Ejemplos:

En el deporte lo importante no es el *qué*, sino el *cuánto*.
Decidamos el *cómo* y el *cuándo* nos volvemos a ver.

d) No obstante, cuando estas mismas palabras funcionan como adverbios o pronombres relativos o, en el caso de algunas de ellas, como conjunciones, son átonas (a excepción del relativo *cual*, que cuando va precedido de artículo es tónico) y se escriben sin tilde.

Ejemplos:

El esposo, *que* no sabía nada, no pudo decidir.
Esa es la razón por la *cual* no pienso votar.
Ha visto a *quien* me dijiste.
Cuando llegue mi novia, empezamos.
¿Estás buscando un lugar *donde* vivir?
No dijo *que* estuviese en la casa.
¡*Que* aproveche!

• Aun cuando los relativos, presenten antecedente expreso o no, son normalmente átonos y se escriben sin tilde, dice la RAE que hay casos «en que pueden pronunciarse tanto con acento prosódico como sin él. Esta doble posibilidad se da cuando los relativos introducen subordinadas relativas sin antecedente expreso, siempre que el antecedente implícito sea indefinido y tenga carácter inespecífico (una persona, alguien, algo, algún lugar, nadie, nada, etc.)».

Esto sucede cuando la oración de relativo sin antecedente depende de verbos como «haber», «tener», «necesitar», «encontrar» «buscar», etc., que admiten complementos indefinidos de carácter inespecífico. En tales casos es aceptable escribir el relativo con tilde, reflejando la pronunciación tónica, o bien sin ella, representando la pronunciación átona.

Ejemplos:

El problema es que no hay con *qué/que* comprar más comida.
Ya ha encontrado *quién/quien* me ayude.
Buscó *dónde/donde* leer, pero no había espacio en la biblioteca.
No tenía *cómo/como* defenderse.

Diferencia entre *halla*, *haya* y *aya*

La mayoría de los hispanohablantes pronuncian estas tres palabras de la misma forma, ya que la pérdida de la distinción de los sonidos que representan las grafías *ll* e *y* está muy generalizada. Pero la RAE aconseja distinguirlas apropiadamente en la escritura.

1. *Haya:* puede tratarse de un verbo o de un sustantivo:

a) Como verbo, es la forma de primera o tercera persona del singular del presente de subjuntivo del verbo «haber». Con este valor se emplea, bien seguida de un participio a fin de formar el pretérito perfecto (o antepresente) de subjuntivo del verbo que se esté conjugando (*haya ido*, *haya leído*, etc.), bien como verbo de una oración impersonal.

Ejemplos:

Espero que Andrés *haya terminado* el trabajo.
Ella no cree que el hijo se *haya vestido* solo.
Quizás *haya* algo que no nos ha dicho.

• Si estas oraciones se expresasen en otro tiempo verbal, la forma *haya* sería remplazada por otra forma del verbo «haber».

Ejemplos:

Esperaba que esta vez Andrés *hubiese terminado* el trabajo.
Ella no creía que el hijo se *hubiese vestido* solo.
Quizás *habría* algo que no nos ha dicho.

b) Como sustantivo, es femenino y designa una variedad de árbol.

Ejemplo:

El *haya* es muy frondosa.

2. *Halla:* es la forma de la tercera persona del singular del presente de indicativo, o la segunda persona (tú) del singular del imperativo, del verbo «hallar(se)», cuyo significado es «encontrar (se)».

Ejemplos:

No sé cómo hace, pero siempre *halla* a su hijo.
La sede de la empresa *se halla* en la capital.
Halla la clave para poder acceder a la cuenta.

• Obsérvese que en estos casos la palabra «halla» se puede sustituir por la forma «encuentra».

Ejemplos:

No sé cómo hace, pero siempre *encuentra* a su hijo.
La sede de la empresa *se encuentra* en la capital.
Encuentra la clave para poder acceder a la cuenta.

3. *Aya:* es un sustantivo femenino que significa «mujer encargada en una casa del cuidado y educación de los niños o jóvenes».

Ejemplo:

El *aya* cuida a mis hijos en casa.

Diferencia entre *echo, echa, echas / hecho, hecha, hechas*

Todas las formas del verbo «echar» (que significa, a grandes rasgos, «tirar, poner, depositar o expulsar») se escriben sin *h*.

Ejemplos:

Siempre *echo* la basura en su lugar.
Si *echas* más azúcar al zumo quedará muy dulce.
Hay que *echar* la ropa en la lavadora.
Te *echa* para que no vuelvas.

a) El verbo «echar», nos recuerda la RAE, forma parte de la locución «echar de menos», que significa «añorar».

Ejemplos:

La *echo de menos.*
¿Me *has echado de menos?*

b) O de la locución «echar a perder», que significa «estropear»:

Ejemplo:

Siempre *echas a perder* las cosas.

c) También de la perífrasis «echar a + infinitivo», que indica el comienzo de la acción expresada por el infinitivo.

Ejemplos:

Siempre *se echa a reír* en el momento menos esperado.
Casi *me echo a llorar* por ella.

- «Aunque se pronuncian igual —nos advierte la RAE—, no deben confundirse en la escritura las formas *echo*, *echas*, *echa*, del verbo "echar", que se escriben sin *h*, y las formas *hecho*, *hecha*, *hechas*, del participio del verbo "hacer", que se escriben con *h*, al igual que el sustantivo masculino "hecho" ("cosa que se hace o que sucede"), tanto cuando se utiliza como tal, como cuando forma parte de la locución "de hecho" ("efectivamente", "en realidad")».

Ejemplos:

¿Has *hecho* lo que dijimos?
Aunque se fue sin decir nada, dejó *hecha* la comida.
Ya están *hechas* las tareas.
El *hecho* es que no quiere verte.
Quiero olvidarla. *De hecho*, no volveré a verla.

Mayúscula o minúscula en los meses, los días de la semana y las estaciones del año

Salvo que la mayúscula venga exigida por la puntuación (a comienzo de texto o después de punto), los nombres de los días de la semana, de los meses y de las estaciones del año se escriben en español con minúscula inicial.

Ejemplos:

Nací un viernes, 15 de septiembre.
En Bogotá, a 12 de diciembre de 2013.
Este verano ha hecho mucho calor.

• Solo se inician con mayúscula cuando forman parte de nombres cuya escritura así lo exige, como sucede con los nombres de festividades, fechas o acontecimientos históricos, edificios, calles y vías urbanas, etc.

Ejemplos:

Jueves Santo.
Primavera de Praga.
Hospital Doce de Octubre.

Diferencia entre *hay*, *ahí* y *ay*

Si pretendemos escribir sin faltas de ortografía es necesario saber que existen numerosas palabras homófonas, esto es, que suenan igual que otras pero tienen un significado distinto y suelen escribirse de forma diferente.

Es por ello que en ocasiones se duda acerca de qué forma es la correcta y qué grafía se debe emplear. Por ello, presentamos a continuación una serie de términos que suelen presentar confusión, para así tener clara la diferencia entre *ay*, *hay* y *ahí*.

1. *Ay* es una interjección que se emplea para «expresar muchos y muy diversos movimientos del ánimo, y más ordinariamente aflicción o dolor», según la RAE. Es por esto por lo que suele escribirse entre signos de exclamación.

Ejemplo:

¡*Ay*, cómo duele!

2. *Hay* corresponde a una forma impersonal del verbo «haber» para expresar:

a) Que existe o se dispone de alguna cosa.

Ejemplo:

Hay pan en la mesa.

b) Obligación.

Ejemplo:

Hoy *hay* que ir a visitar a mis suegros.

3. *Ahí* es un adverbio de lugar que señala alguna cosa que se encuentra a una distancia media (entre «aquí» y «allí»).

Ejemplo:

Jaime ha dejado sus hijos *ahí* y se ha ido.

- *Hay* es una forma del verbo haber: «*Allí* hay muchas personas».
- *Ahí* es un adverbio: «Déjalo *ahí*, sobre la cama».
- *Ay* es una interjección que indica dolor o temor: «¡*Ay* de mí!».

El uso correcto de hay, ahí y ay

¿Es *hay*, *ahí* o *ay* la expresión correcta? *Hay*, *ahí* y *ay* representan uno de los más populares dolores de cabeza a los que los hispanohablantes nos enfrentamos a menudo; por eso, damos una breve explicación que ayude a distinguir entre ellos y a utilizarlos correctamente.

a) *Hay:* es una forma conjugada del verbo «haber». Es una palabra monosílaba cuyo golpe de voz recae en la vocal *a*. Se verá que es un verbo porque siempre se puede cambiar por otras formas del verbo «haber» (*había, habrá...*).

b) *Ahí:* es un adverbio que indica lugar. Es palabra bisílaba y aguda, cuyo golpe de voz recae en la *i*. Se puede comprobar cambiándolo por otros adverbios de lugar como *allí* o *aquí*.

c) *Ay:* es una interjección que sirve para expresar dolor u otras emociones. Se pronuncia igual que *hay*, suele escribirse entre signos de exclamación en los textos y en las conversaciones tiene entonación exclamativa.

• **¿Cómo recordarlo todo fácilmente?** Aprende esta frase a modo de regla mnemotécnica:

«Ahí hay una mujer que dice ¡ay!»

No lo olvides: *hay* es haber, *ahí* es un lugar, *¡ay!* es una exclamación. *Ahy* no existe.

Índice

Prólogo 7
Introducción 9

CONSEJOS CORTOS Y ÚTILES PARA
  HABLAR Y ESCRIBIR CORRECTAMENTE 19

TEMAS QUE PRESENTAN LA MAYOR CANTIDAD
DE DUDAS EN LA ACTUALIDAD 197

La expresión «el presidente» admite los femeninos
  la presidente y *la presidenta.* 199
El uso de los puntos suspensivos 200
El uso de las comillas 205
Un error frecuente: el «queísmo» 210
Uno de los errores más frecuentes: el «dequeísmo» 214
Diferencia entre *porqué, porque, por qué* y *por que* 218
Uso de *deber.* 222
El uso de la coma 224
El uso del punto y coma 241
El uso de los dos puntos 245
Diferencia entre *aún* y *aun* 250
El correcto uso de *hubieron* 252
Diferencia entre *a ver* y *haber.* 254
Diferencia entre *sino* y *si no.* 257
El uso de *junto a* y *junto con.* 259
Tilde en las mayúsculas 261

El uso de *el* ante sustantivos femeninos
que comienzan por *a* tónica 262
El plural *gentes* 264
La formación del plural en español. 266
La denominación *español* y *castellano* 271
Diferencia entre *has* y *haz* 272
Como superlativo de *fuerte* son válidas las formas
fortísimo y *fuertísimo* 274
Los criterios para el tratamiento de los extranjerismos . . . 275
El uso correcto del verbo *haber* 278
Los signos de interrogación (¿?) y de exclamación (¡!) 288
El uso de *dizque* 292
Usos y diferencias de *a sí mismo, así mismo* y *asimismo* . . . 294
Guion no lleva tilde 296
El adverbio *solo* puede llevar tilde si hay riesgo
de ambigüedad, pero no es necesario 299
La conjunción *o* se escribe siempre sin tilde,
incluso entre cifras 301
Normas de escritura de los prefijos 302
Los extranjerismos y latinismos crudos
(no adaptados) deben escribirse en cursiva 304
Los pronombres *lo(s), la(s), le(s)*: leísmo, laísmo, loísmo . . 306
Detrás de mí, encima de mí, al lado mío. 308
Dobles participios: *Imprimido/impreso,*
freído/frito, proveído/provisto 310
Doble negación. *No vino nadie, no hice nada,*
no tengo ninguna 311
Los ciudadanos y las ciudadanas, los niños y las niñas. 313
Plural de las siglas: *las ONG, unos DVD.* 315
Tilde en *qué, cuál/es, quién/es, cómo, cuán,*
cuánto/a/os/as, cuándo, dónde y *adónde* 316
Diferencia entre *halla, haya* y *aya* 319
Diferencia entre *echo, echa, echas / hecho,*
hecha, hechas. 322
Mayúscula o minúscula en los meses,
los días de la semana y las estaciones del año. 324
Diferencia entre *hay, ahí* y *ay* 325